Verzauberte Welten

Feen und Elfen

Verzauberte Welten

Feen und Elfen

von der Redaktion der Time-Life Bücher

Der Inhalt

Time-Life Bücher · Amsterdam

Kapitel Eins

Reiche hinter dem Zaubervorhang

Am Abend vor der Sommersonnenwende zog einst vor langer, langer Zeit in Irland ein einzelner Reitersmann über die saftigen Wiesen Connachts zum Meer hin. Friedlich senkte sich der Abend auf das Land herab. Die Hecken strömten süßen Duft von Geißblatt und wilden Rosen aus, und unter den Hufen des Pferdes schimmerte ein weißer Teppich aus Gänseblümchen. Vorn lag ein Wald von Eichen und Eschen, deren Stämme in dichten Bodennebeln verschwanden. Und blau schienen aus der Ferne die Berge von Connemara herüber.

Der Mond ging auf und stand als silberne Sichel am Himmel; die Dunkelheit nahm zu. Dennoch setzte der Reiter seinen Weg unverdrossen fort durch die Stille, die nur vom Seufzen des Windes in den Gräsern und vom Knarren des Sattels durchbrochen wurde. Doch als er sich dem Wald näherte, ließen ihn merkwürdige Geräu-

sche innehalten. Sanfte Harfen- und Flötenlaute drangen an sein Ohr.

Einen Augenblick später gewahrte der Reisende eine prächtige Prozession. Der Zug bestand aus hundertvierzig in Gold gekleideten Rittern; ihre weißen Pferde waren mit goldenen Hufen beschlagen und goldenen Glöckchen behängt. Zwischen ihnen war eine Schar junger Frauen zu erkennen — der Kleidung nach alles Prinzessinnen. Sie neigten anmutig die Köpfe, als sie den Reitersmann gewahr wurden, und warfen ihm aus ihren leuchtenden Augen Blicke zu, die so leidenschaftlich waren, daß sie großes Verlangen in ihm weckten.

Die sonderbare Prozession tauchte aus dem Nebel auf und verschwand dann wieder darin, war in einem Moment sichtbar und schon im nächsten nicht mehr — schien von dieser Welt und gleichzeitig doch wieder nicht. Der Zug erstrahlte in goldenem Licht, und hinter ihm gab ein Weg, der in den Wald zurückführte, den Blick auf eine gewaltige Festung frei.

Der Reisende konnte später nicht sagen, wie lange er dort wie angewurzelt gestanden und die glanzvolle Schar bestaunt hatte. Das eindrucksvolle Schauspiel der prächtigen Reiter dauerte weder lange, noch war es rasch vorbei. Ihr Zeitgefüge schien mit dem gleichförmigen Ablauf menschlicher Stunden, Tage und Nächte nicht vergleichbar. Schließlich, so erinnerte sich der Reisende später, waren die Reiter seinem Blick gänzlich entzogen, und es hallte nur noch das Echo einer Melodie wider, die er lediglich bruchstückhaft in sein Gedächtnis zurückzurufen vermochte. Auch das goldene Licht und der Palast waren verschwunden.

Er gab seinem Pferd die Sporen und trabte an den Rand des Waldes heran, fand jedoch nicht einen einzigen Grashalm beschädigt oder niedergetreten. Nicht das geringste Anzeichen deutete auf die goldenen Reiter oder das mächtige Reich hin, das sich hinter den Bäumen aufgetan hatte.

So setzte er schließlich seinen Weg fort. Doch dieser einzige Augenblick erleuchtete sein ganzes weiteres Leben. Wenngleich er mit zunehmendem Alter vieles vergaß, blieb ihm doch das, was er in jener Nacht gesehen hatte, allzeit deutlich im Gedächtnis. Wieder und wieder ließ er abends am Kaminfeuer die goldene Gesellschaft an seinem geistigen Auge vorbeiziehen. Er gab seine Eindrücke an seinen Sohn weiter und an den Sohn seines Sohnes, und während er sprach, huschte – selbst dann noch, als er alt und gebrechlich war – der Ausdruck der Jugend über sein Gesicht und ließ seine Augen glänzen.

Was der Reisende in jener unvergeßlichen Nacht gesehen hatte, steht wohl zweifelsfrei fest: Er war Zeuge einer Prozession von Feen geworden – jener Gattung von Geschöpfen, die in menschlicher Gestalt und im Besitz übermenschlicher Kräfte einst die Randgebiete der menschlichen Welt bevölkerten. Und er war einer der letzten Menschen, denen ein solcher Anblick vergönnt war. Zu jener Zeit, als der Reisende unterwegs war, hatten die Feen bereits begonnen, sich von der Menschheit

zurückzuziehen. Es war die Epoche, als den Wäldern, die den Erdball bedeckten, große Flächen Ackerland abgetrotzt wurden, als die Wege der Marketender und die Straßen der Händler schon in entlegene Winkel der Erde reichten und in der Wildnis Dörfer und Städte entstanden. Während der Mensch immer größere Teile der Natur zähmte, verwandelten sich deren Beschützer, die Feen, endgültig in ätherische, vom menschlichen Auge nicht wahrnehmbare Geschöpfe. Das waren sie nicht immer gewesen.

Einst, als die Geschichte ihren Anfang nahm — bevor die Menschen begannen, die Welt nach ihren eigenen Vorstellungen zu ordnen, und bevor zwischen der irdischen Welt und den übrigen Geschöpfen feste Grenzen entstanden —, bewegten sich die Feen frei unter den Sterblichen, und die beiden Gattungen machten recht häufig miteinander Bekanntschaft. Ihre Beziehungen zueinander waren freilich nie ganz unkompliziert, denn Feen und Menschen waren einander sehr fremd.

Die Menschen waren zu jener Zeit unsichere, kleine Geschöpfe. Sie machten sich daran, auf dem riesigen, wilden Planeten eine Ordnung zu schaffen, in der sie sich leichter zurechtfinden konnten. Zu diesem Zweck begannen sie, sich von den Geschöpfen um sie herum abzugrenzen, das Land in Herrschaftsgebiete aufzuteilen und darin Hierarchien zu errichten, in denen jeder seinen Platz zugewiesen bekam, und darüber hinaus Spielregeln aufzustellen, die anarchische Zustände verhindern sollten.

Im Gegensatz dazu waren die Feen viel abstraktere, flüchtigere Geschöpfe, von launenhafter, wechselvoller Wesensart. Sie hatten die Gestalt von Menschen und waren bisweilen ungewöhnlich schön, bisweilen aber auch außergewöhnlich grotesk. Wenn ihnen der Sinn danach stand, verwandelten sie sich in einen Hirsch oder einen Falken, in eine Flamme, eine Blume oder einen Edelstein. Gelegentlich hüllten sie sich auch in Unsichtbarkeit. Und obgleich es zwischen ihrer Sphäre und der Welt der Menschen eine Verbindung gab, war ihre Welt von einer anderen Dimension. Ihre Reiche konnten von einem Augenblick zum andern auftauchen und schon im nächsten wieder verschwunden sein. Es war, als wenn inmitten der von den Menschen mühsam geschaffenen Zivilisation ein eigenständiges und vielfältiges Leben unsichtbar seinen Gang ging.

Natürlich gaben Feen zu allen möglichen Spekulationen Anlaß. Die Menschen — stets neugierig und darum bemüht, Dinge zu erklären und zu benennen — hielten ihre Erfahrungen mit ihnen in Liedern, Geschichten und Gedichten fest. Das Wichtigste war ihnen die Benennung, denn der Name einer Sache sagte immer auch etwas über ihr Wesen aus (das gilt in mancher Hinsicht auch heute noch). Wer eine Sache benennen konnte, hatte damit eine gewisse Macht über sie.

Wie alles, was mit Feen im Zusammenhang steht, sind auch die Ursprünge ihres Namens nicht eindeutig. In Spanien und Italien heißt die „Fee" *fada* oder *fata*, Begriffe, die offenbar vom lateinischen *fatum*, „Schicksal", abgeleitet sind und die Vorstellung zum Ausdruck bringen, daß Feen das Schicksal der Sterblichen vorauszusagen und sogar zu lenken vermochten. Das französische Wort *fée* — das auch in die deutsche Sprache eingegangen ist — läßt sich dagegen auf das lateinische *fatare* zurückführen, das im Altfranzösischen zu *féer* wurde und die Bedeutung „verzaubern" hat. *Féer* verwies auf die Fähigkeit der Feen, die Welt, wie sie sich den Menschen darstellte, zu verändern, indem sie das menschliche Wahrnehmungsvermögen verzauberten. Nicht nur *fée* beziehungsweise Fee stammt von *féer* ab, sondern auch das englische Wort *faerie*, das zum einen die Kunt des Zauberns bezeichnet, darüber hinaus aber auch für die Welt der Feen insgesamt verwendet wird. Dagegen bezeichnen die auf dasselbe Stammwort zurückzuführenden englischen Wörter *fairy* und *fay* nur die einzelnen Wesen. Im englischen Sprachraum bildete sich für eine einzelne Fee auch der Begriff *elf* aus, der in dieser Bedeutung — als „Elf" oder „Elfe" — in die deutsche Sprache übernommen wurde. Er hat seinen Ursprung nicht im Lateinischen, sondern stammt aus dem skandinavischen Sprachraum. Das altnordische Wort für „Elfe" war *alfar* (althochdeutsch *alp*) und bezeichnete Wesen, die mit dem Leben der Natur verknüpft waren und von denen man annahm, daß sie in den Gewässern, den Wäldern oder den Bergen wohnten.

Die Menschen verwendeten die Begriffe uneinheitlich. Meist sprachen sie von den Feen ohnehin in Umschreibungen, wie „den vornehmen Leuten", „den guten Leuten" oder „dem wohltätigen Volk". Damals galt die direkte Benennung eines Wesens — außer man hatte die ausdrückliche Erlaubnis dazu — als Drohung, und das war gerade bei den Feen, die für ihre Unberechenbarkeit bekannt waren und über erstaunliche Kräfte verfügten, nicht angeraten.

Die Gattung der Feen wurde nach zwei Gruppen unterschieden — dem Landvolk und der Aristokratie. Das Landvolk setzte sich aus lauter einzelnen Feen zusammen, Nachkommen der Geister, die ursprünglich die ganze Natur beseelt hatten. Sie waren die Wächter über Wald und Flur, über Teiche, Seen und Bäche, und wenngleich auch sie über Zauberkräfte verfügten — etwa die Fähigkeit, unsichtbar zu werden oder eine andere Gestalt anzunehmen —, waren diese Einzelwesen doch wilde Geschöpfe. Begegnungen zwischen ihnen und den Menschen waren, verglichen mit ihren vornehmen Verwandten, eher eine Seltenheit.

Ihre Anwesenheit wurde häufig nicht direkt wahrgenommen, sondern durch Anzeichen, die auf ihr Treiben hindeuteten: Grashalme, die sich bogen, wenn solch ein unsichtbares Feenwesen darüber hinweghuschte, Stöhnlaute im Astwerk von Bäumen oder glitzernde Eisblumen an Fensterscheiben.

Ganz anders war es um die Aristokratie der Feenwelt bestellt. Von diesen Wesen hieß es, daß sie Abkömmlinge uralter besiegter Götter seien. Sie verfügten über außerordentliche Kräfte und residierten in unterirdischen Reichen oder jenseits der tiefsten Meere. Bei den Menschen, die sie zu Gesicht bekamen, riefen sie ein heftiges Verlangen hervor, manchmal aber auch eine große Furcht. Die *alfar* Skandinaviens wurden nach gut und böse unterschieden: die *liosálfar* oder „Lichtelfen" die über der Erde wohnten, und die *döckálfar*, die „Dunkelelfen", deren Reiche sich unter der Erde befanden. Die Bewohner Schottlands machten die gleiche Unterscheidung. Ihre Feengesellschaften wurden die *seelie court*, die „glückbringende Schar", und die *unseelie court* genannt; letztere sollen rachsüchtige Geister verstorbener Menschen gewesen sein.

In Wales oder Irland kannte man derartige Unterscheidungen nicht. Dort wurden die Feengesellschaften — Scharen, wie sie der Reisende auf den Wiesen von Connacht beobachtet hatte — in ihren vielfältigen Erscheinungsformen als Einheit betrachtet. In Wales hießen sie die *tylwyth teg* — die „Feenfamilie". Und in Irland waren sie unter dem Namen *daoine side* — „Bewohner der Feenhügel" bekannt, weil ihre Paläste unter den sanft geschwungenen, grasbewachsenen Hügeln der grünen Insel versteckt lagen.

Aus Irland sind auch die ausführlichsten Beschreibungen der Feengesellschaften überliefert. In irischen Erzählungen und Liedern wird die Geschichte dieser Feen Tausende von Jahren zurückverfolgt bis zu einer Zeit, da es noch nicht mit Gefahren verbunden war, die Grenzen zwischen ihrer und der Welt der Sterblichen zu überschreiten, da die Menschen im Land der Feen noch nicht Verführung oder Gefangenschaft zu befürchten hatten, und da die Liebe zwischen einem Sterblichen und einer Fee noch nicht von hoffnungslosem Verlangen bestimmt war.

Zu jener Zeit hatte die Insel noch nicht ihr heutiges Gepräge, und ihre Hügel und Seen waren noch namenlos. Aber es lebten dort schon einige Menschen. Überlieferungen zufolge war Irland in jenen Tagen von dem Volk der Firbolg besiedelt, das gerade anfing, die üppige Wildnis zu zähmen.

Am ersten Maitag eines frühen Jahres wurde der Himmel nach Norden hin plötzlich von einer Wolke verdunkelt, die sich vor die Sonne schob und über dem hügeligen Land ausbreitete. Sie ballte sich um die Gipfel des Berges Conmaicne Réin im Herzen Irlands zusammen und hing dort drei Tage lang tief am Himmel. Als sich die Wolke schließlich auflöste und in Schwaden aufs Meer hinaustrieb, kamen Scharen glitzernder Krieger in Kolonnen den Berg herabgezogen. Sie vertrieben die Firbolg und nahmen die grüne Insel ein.

Die feenhaften Krieger waren auf der dunklen Wolke, die sich um den Conmaicne Réin zusammengezogen hatte, von verzauberten Inseln am Ende der Welt gekommen. Die Menschen nannten sie Tuatha Dé Danann, „das Volk der Göttin Danu" — einer Fruchtbarkeitsgöttin. Eine alte Schrift preist sie als „bezaubernde Schar, von höchst lieblicher Gestalt und vornehmer Ausstattung und von einem musikalischen Gefühl und Temperament begabt wie kein anderer, der je nach Irland kam". Magische Talismane verliehen ihnen erstaunliche Kräfte: ein Speer und ein Schwert, die kein Feind bezwang, und ein großer Kessel voller Nahrung, der niemals leer wurde.

Wie lange die Herrschaft der Tuatha währte, weiß niemand. Aber irgendwann einmal, in einer Epoche, die älter ist als das Gestein der irischen Berge, wurden sie trotz ihrer Talismane Opfer neuer, diesmal sterblicher Invasoren — Vorfahren der Gälen, die von da an die Insel regierten. Nach ihrer Niederlage suchten die Tuatha Zuflucht in der Unsichtbarkeit. Einige von ihnen gründeten in Irland, Schottland oder Wales neue Reiche im Innern der Hügel oder auf dem Grund der Seen und versteckten sie hinter Schutzwällen, die für die meisten Menschen unüberwindbar waren.

Das war die Zeit, als die Tuatha ihren Rückzug antraten und den Namen *daoine side* erhielten. Endgültig verschwanden sie aber erst Hunderte von Jahren später. Bis dahin bestimmten weiterhin Kriege und Liebschaften das Leben dieser mächtigen Wesen — im allgemeinen unbemerkt von den Menschen, die sie einst vertrieben hatten.

Ungeachtet ihrer Andersartigkeit und ihrer voneinander getrennten Welten, die nur durch Wasser, Wald und Flur verbunden waren, fühlten sich Feen und Menschen in diesen Jahrhunderten durch ein Netz von Bedürfnissen und Sehnsüchten zueinander hingezogen. Wieder und wieder wagten sich Bewohner der Feenwelt unter die Sterblichen, einmal in kriegerischer Absicht, dann wieder in Liebe entbrannt. Und immer wieder machten sich Sterbliche auf Reisen, die sie — oft ohne jede Absicht — in die Welt der Feen führten.

Für die vom Wasser umgebenen Iren war jede Reise über das Meer ein Wagnis. Die irischen *immrama*, Geschichten, die von Reisen handeln, wissen von sonderbaren, im Meer treibenden Inseln zu berichten. Seefahrende Abenteurer wollen Inseln gesehen haben, auf denen Menschen mit Katzenköpfen oder

Das Oberhaupt der goldenen Gesellschaft

Um den Hochkönig der Tuatha Dé Danann, eines heroischen Feenvolks aus der Frühzeit Irlands, ranken sich etliche Sagen. Er hatte zahlreiche Namen, darunter „Aller Vater", „Herr allen Wissens" und „Sonne der Erkenntnis", wurde jedoch meistens als „Dagda" – „Guter Gott" – bezeichnet.

Der Name „Dagda" ist freilich nicht seiner Tugendhaftigkeit zuzuschreiben – die Überlieferungen stellen ihn häufig als gefräßigen, grausamen Krieger dar –, sondern vielmehr seinem Einfluß und seiner Macht als Oberhaupt jenes mächtigen Feenvolkes. Er war im Besitz einer Keule, mit der er neun Menschen auf einen Schlag töten konnte, und eines magischen Kessels, der niemals leer wurde. Und die Klänge seiner Harfe konnten den Zuhörer fröhlich oder traurig stimmen oder in einen erquikkenden Schlaf versetzen.

Als sich die Tuatha Dé Danann in das Innere der Hügel Irlands zurückzogen, gründete der Dagda vier einzelne Königreiche und übergab jedes einem seiner Söhne. Doch hatte der mächtige König weiterhin die Oberherrschaft über das gesamte Feenvolk inne.

auch mit Hundeköpfen lebten. Von einer Insel mit Springbrunnen, aus dem Milch, Bier und Wein sprudelte, war ebenso die Rede wie von einer, auf der Riesenpferde lebten.

Es war in jenen Tagen schwer vorauszusagen, ob eine Seereise normal und ohne Zwischenfälle verlaufen würde oder ob die heftigen Stürme und Strömungen des Nordens die kleinen Boote vom Kurs abbringen und über eine unsichtbare Grenze in das Reich der Feen treiben würden, wie es einem Prinzen namens Teigue passierte:

Teigue war der Erbe eines frühen Herrschers von Munster im Westen Irlands. Er machte sich auf die Reise, um seine Gemahlin Liban und zwei seiner Brüder zu befreien und zu rächen. Ein Pirat namens Cathmann war mit einer Flotte von neun Schiffen in Teigues Land eingefallen, hatte die Felder verwüstet, die Dörfer abgebrannt und Teigues Gemahlin und zwei seiner Brüder auf seine auf einer Insel vor Spaniens Küste gelegene Festung entführt.

Der mit vierzig Kriegern und einem Gefangenen aus Cathmanns Truppe zurückgebliebene Teigue schwor, seine Familie zu retten. Er befahl seinen Männern, ein *currach* zu bauen, ein stabiles Boot mit dicken Masten und breiten Ruderblättern. Der Rahmen wurde der Überlieferung zufolge mit hartem rotem Rinderleder bespannt.

An einem bitterkalten Morgen im Monat März schoben Teigues Mannen das kleine Schiff bei Kerry Head über den kieselbedeckten Strand und übergaben es der wogenden See. Mit fliegenden Rudern steuerten die Iren geradewegs auf Stürme und eisige Regenschauer zu. Und bald darauf konnten Teigue und seine vierzig Krieger – und der Gefangene, der ihnen den Weg weisen sollte – die Küste Munsters nicht mehr erkennen.

Einen Monat lang segelten sie durch das unendliche, wogende Meer und sahen kaum etwas außer den glänzenden braunen Köpfen neugieriger Seehunde und den gelegentlich aus dem Wasser hervorschießenden Fischen. Von Zeit zu Zeit konnten sie das Prusten von Walen vernehmen. Zweimal gingen sie auf namenlosen Inseln an Land, um sich auszuruhen und ihre Vorräte aufzufüllen. Dann folgten sechs Wochen ununterbrochener Fahrt durch dichten Nebel, der nur dann und wann von fahlen Sonnenstrahlen durchbrochen wurde.

Die Männer wurden zunehmend stiller und verzagter. Der Gefangene, der am Bug angekettet war, schaute angestrengt auf das weite Meer hinaus, hatte aber im Nebel die Orientierung verloren. Schließlich gab er die Hoffnung auf. „Wir sind vom Kurs abgekommen und treiben mit der Strömung, wohin, das weiß ich nicht."

Kaum, daß er das gesagt hatte, erhob sich ein gewaltiger Sturm und kam ihnen entgegengefegt wie ein Falke, der auf sein Opfer hinabstürzt. Das Meer schwoll zu riesigen Wellenbergen an, die höher waren als die Masten des Schiffes, und eiskalte Wassermassen ergossen sich über den Bug. Vor Anstrengung keuchend und mit halberfrorenen Händen, legten sich die Männer in die Riemen. Unter Teigues anfeuernden Rufen gelang es ihnen, das Schiff in den Wind zu legen und den ganzen Tag über und auch in der folgenden stürmischen Nacht in dieser Position zu halten.

Schließlich brach der neue Tag an, und der Sturm ebbte ab. Die Sonne ging auf und ließ die Wasseroberfläche wie ein Meer von funkelnden Diamanten erscheinen. Die Männer hißten die Segel, und während das Schiff Kurs nach Westen nahm, ließen sie ihre erschöpften Körper von der Sonne wärmen.

Bald konnten sie in der Ferne die Umrisse einer Küste erkennen. Sie steuerten zielstrebig darauf zu, und schließlich glitt das Boot

Erlösung durch eine gütige Fee

Wenngleich ihr Verhältnis zu den Sterblichen nicht immer ganz ungetrübt war, brachten die Feen der Frühzeit den Menschen manchmal doch erstaunliches Wohlwollen entgegen, wie die folgende Geschichte zeigt:

Einst wagte ein schottischer Ritter, die Liebe einer Frau zu verschmähen, die über Zauberkräfte verfügte. In ihrem Zorn über diese Demütigung verwandelte sie den Jüngling in ein schuppiges, kaltes Reptil. Gefangen in dem abstoßenden Körper, kauerte der Ritter monatelang neben einem Baum.

Als in der Samain-Nacht die Felder im hellen Licht des Vollmondes erstrahlten, vernahm das bedauernswerte Geschöpf plötzlich den Klang von Flöten und Trompeten. Es hob seinen schweren Kopf und gewahrte die Pracht des *seelie court* – des heroischen Feenvolks Schottlands –, das in einer langen Prozession über das Hügelland zog und das Getreide der Bauern segnete. Kreuz und quer schlängelte sich der strahlende Zug durch die Felder und kam schließlich auch dorthin, wo der verzauberte Ritter kauerte.

Die Königin der *seelie* brachte ihr Pferd neben ihm zum Stehen und bedeutete ihrem Gefolge weiterzureiten. Als die Musik der Feenprozession kaum noch zu hören war, setzte sie sich ins Gras und legte den Kopf des verzauberten Ritters auf ihren Schoß. Dann strich sie liebevoll über den schuppigen Panzer und begann, lieblich zu singen.

Während sie sang, lag der Ritter vollkommen regungslos da. Der Mond ging unter, und die Sterne verblaßten, und im Osten brach die Morgendämmerung an. Da platzte der Panzer, der den Ritter gefangenhielt, brach auseinander und fiel schließlich von ihm ab. Zum Vorschein kam der Jüngling, unversehrt und makellos. Er hob an, der *seelie*-Königin für ihre Güte zu danken, doch bevor ihm auch nur ein Wort über die Lippen kam, verschwand sie im hellen Licht des Morgens und kehrte, für das menschliche Auge nicht sichtbar, in ihr unterirdisches Reich zurück.

gemächlich in eine Flußmündung hinein, deren grünes Wasser so klar war, daß die Reisenden bis auf den silberglänzenden Sand auf dem Grund sehen konnten, wo sich scharlachrote Lachse tummelten. Das Ufer war zu beiden Seiten von Bäumen gesäumt, aus denen der Gesang fremdartiger Vögel erklang.

Teigue und seine Männer gingen an Land und zogen das Schiff auf den Strand. Dann begaben sie sich in den Wald. Sie merkten sofort, daß es kein gewöhnlicher Ort war. Als sie Munster verließen, hatte der Frühling gerade erst begonnen. Der Boden war noch unbewachsen und hart und die Bäume ohne jegliches Grün gewesen. Hier hingegen trugen die Bäume dichtes Laub und waren mit Früchten geradezu überladen. Obwohl kein Lüftchen wehte, wiegten ihre Äste leicht hin und her; es war, als ob sie lauschten, als die Eindringlinge unter ihnen entlanggingen. Es waren ausnahmslos Bäume, die den Iren von jeher heilig waren. So groß war die Ehrfurcht der Iren vor ihnen, daß derjenige, der einen von ihnen fällte, mit dem Leben dafür bezahlen mußte. Zum Teil waren es gewaltige, ehrwürdige Eichen, denen seit frühester Zeit gehuldigt wurde und die ihre Gefühle auszudrücken vermochten: Eichen pflegten Klagelaute von sich zu geben, wenn sie gefällt wurden. Zum Teil waren es Apfelbäume voller roter Früchte; sie galten als fruchtbare Wahrer der Unsterblichkeit. Dazwischen wuchsen zahlreiche Haselsträucher mit Trauben gelber Nüsse, die in Irland demjenigen, der das Glück hatte, von ihnen zu essen, alle Weisheit der Welt verliehen.

Nachdem die Männer eine Weile gegangen waren, lichtete sich der Wald und wurde wieder sonnig und parkähnlich. Kurz darauf tat sich vor ihren Augen das Land auf, das sich im Schutz des Waldes befand, und ließ sie vor Begeisterung jauchzen.

Bis zum Horizont erstreckte sich eine weite, grüne Ebene, die von weißblühendem Klee übersät war und nur von drei grasbewachsenen Hügeln unterbrochen wurde. Auf jedem der Hügel erhob sich ein von hohen Schutzmauern umgebenes Schloß. Die Männer gingen auf das nächstgelegene zu und trafen bei seinem marmornen Schutzwall auf eine heiter gestimmte, strahlende junge Frau. Sie schien die Reisenden schon zu erwarten, denn sie sprach Teigue bei seinem Namen an und schickte ihn zu dem nächsten Hügel, wo noch einmal das gleiche geschah.

Als die Reisenden zum dritten Hügel kamen, gingen sie, wie es ihnen gesagt worden war, durch das riesige Tor des dortigen Schlosses und betraten den Innenhof. In seiner Mitte stand ein ausladender Apfelbaum, dessen Zweige weiß von Blüten, gleichzeitig aber auch voller Früchte waren.

Aus der weißen Blütenpracht tauchte plötzlich eine Frau auf, die wie eine Blume wirkte und deren silberglänzendes Haar an Blütenblätter erinnerte. Sie blickte die Sterblichen gelassen an und nannte Teigue bei seinem Namen. Beim Klang ihrer Stimme vergaß der Prinz augenblicklich seinen Kummer und wurde ganz ruhig.

Sie erklärte, daß sie Clíodna Fair Hair, eine Tochter der Tuatha Dé Danann, sei und die Insel ihr gehöre. Weiterhin erklärte sie, daß den Früchten ihres Apfelbaumes magische Kräfte innewohnten: Wer von ihnen esse, würde seinen Lebtag keinen Hunger mehr verspüren und sich allzeit zu ihrem Land hingezogen fühlen. Und sie warnte die Männer, daß ein Tag in ihrem Reich in der Welt der Menschen einem ganzen Jahr entspräche, so daß Teigue an den eigentlichen Grund seiner Reise erinnert wurde.

Dann sagte die Fee, daß sie ihm drei Geschenke mit auf den Weg geben würde, die ihm bei seiner Suche helfen sollten. Das erste waren drei Vögel, die sie aus dem Apfelbaum herbeirief und die Teigue und seine Leute zu der Kampfstätte führen sollten: ein blauer mit karmesinrotem Kopf, ein scharlachroter mit grünem Kopf und ein bunter, dessen Kopf golden glänzte. Das zweite Geschenk der Fee war ein smaragdener Kelch, der Teigue schützen würde, solange er ihn bei sich trug. Und das letzte Geschenk war eine Prophezeiung: Die Fee sagte ihm voraus, welchen Todes er eines Tages sterben würde. So wußte Teigue, daß die Zeit für ihn noch nicht gekommen war. Außerdem versprach sie, in seiner letzten Stunde bei ihm zu sein, wenn am Ufer des Boyne ein Hirsch ihn mit seinem Geweih durchbohren und töten würde.

Nachdem sie all das kundgetan hatte, lächelten sich beide — der Sterbliche und die Fee — bedeutungsvoll an. Fair Hairs Zauberkräfte bewirkten, daß Teigue keinerlei Furcht verspürte, obgleich seine Männer voller Unruhe waren und ängstlich miteinander flüsterten. Dennoch folgten sie Teigue bereitwillig, als er den Schloßhof verließ und in Begleitung der Fee die blühende Ebene überquerte und durch den Zauberwald hindurch zu ihrem Schiff zurückkehrte.

Um den Bug herum flüsterte das Wasser, während das Schiff den Fluß hinab aufs offene Meer zusteuerte, und hoch über den Masten kreisten die drei Vögel und sangen ohne Unterlaß. Am Ufer stand die Fee; sie hielt ihren Blick unablässig auf Teigue gerichtet.

Als das Schiff das offene Meer erreichte und schneller wurde, sah Teigue sich ein letztes Mal um. An der Küste stiegen Nebelschwaden aus dem Wasser und krochen rasch das Ufer hinauf. Sie hüllten die Bäume und die Fee ein und deckten sogar die Kronen der höchsten Eichen zu.

Schließlich löste sich der Nebel in lauter gewundene, weiße Bänder auf, die über die Wasseroberfläche trieben. Dann verschwanden auch sie, und dort, wo eben noch die Insel gelegen hatte, war nichts als Meer zu er-

Eine Geliebte für einen Feenkönig

Zu der Zeit, als Feen und Menschen noch in friedlicher Nachbarschaft auf der Erde lebten, begab es sich, daß ein irischer Herrscher namens Eochaid seine schöne Gemahlin Etain beim Spiel an einen Feenkönig verlor.

Midhir, ein König aus dem Volk der Tuatha Dé Danann, war auf Etain aufmerksam geworden und verehrte sie so sehr, daß er heimlich um sie freite und versprach, sie mit in sein unsichtbares Reich zu nehmen. Von seinem Gesang betört, willigte die Sterbliche schließlich ein, machte aber zur Bedingung, daß ihr Gemahl seine Zustimmung gab. Midhir wartete ein Jahr lang auf eine günstige Gelegenheit. Dann erschien er in Eochaids Festung.

„Wer seid Ihr?" fragte Eochaid.

„Midhir von Bri Leith."

„Und was führt Euch hierher?"

„Ich bin gekommen, um eine Partie *fidchell* mit Euch zu spielen."

Fidchell war ein dem Schach ähnliches Brettspiel, das mit goldenen Figuren auf einem silbernen Brett gespielt wurde. Eochaid brüstete sich, ein Meister darin zu sein. Er willigte ein unter der Voraussetzung, daß sie um einen Einsatz spielten. Midhir lächelte zufrieden und machte einen Vorschlag: fünfzig braune Pferde mit blutroten Köpfen. Er verlor, und bei Tagesanbruch hatte Eochaid seine Pferde. Danach spielten sie eine weitere Partie, diesmal um einen höheren Einsatz: fünfzig feuerrote Schiffe und fünfzig Schwerter mit goldenen Heften. Midhir verlor abermals, und Eochaid erhielt wiederum seinen Gewinn. Sie beschlossen, eine dritte Partie zu spielen. Als Eochaid nach dem Einsatz fragte, antwortete Midhir: „Was immer der Gewinner bestimmt." Eochaid war sofort einverstanden. Diesmal war es Midhir, der gewann. Und er formulierte seinen Wunsch: Etain zu umarmen und ihr einen Kuß zu geben. Eochaid zögerte, doch ihm blieb gar nichts anderes übrig, als sich dem Wunsch des Gewinners zu fügen. Er versprach, daß Etain sich nach Ablauf eines Monats bereit halten würde. Als Midhir am vereinbarten Tag erschien, standen Eochaid und Etain im Innenhof der Festung, umgeben von Eochaids Kriegern. Doch die Reihen teilten sich, als Midhir auf Etain zuging. Er nahm sein Schwert von der rechten in die linke Hand und legte seinen rechten Arm um sie. Da erhoben sich die beiden mühelos in die Lüfte und stiegen höher und höher, bis sie nur noch als zwei winzige Punkte am Himmel zu erkennen waren — zwei Schwäne, die über Eochaids Land hinweg in Midhirs glanzvolles Reich flogen.

Und das war der Anfang einer erbitterten Fehde zwischen den Menschen und dem Feenkönig, doch Midhir behielt seine sterbliche Geliebte.

Auf der Suche nach einem Feind gelangte der irische Stammesfürst Teigue auf eine Feeninsel.
Die Königin, die ihn dort willkommen hieß, gab ihm Zauberkraft enthaltende Geschenke mit auf den Weg — Vögel, die ihn führten, und einen Smaragdkelch, der Böses von ihm abhielt.

AUSTIN-84

kennen. Das rote Schiff trieb gen Süden, die Segel vom Wind des Feenlandes gebläht. Über den Masten zogen die drei Vögel ausgelassen ihre Kreise und trällerten dazu ihre heiteren Weisen; und unter ihnen, im Schiff, lagen die Männer aus Munster vom Gesang der Vögel völlig in den Bann gezogen.

Sie kamen erst wieder zu sich, als der Gesang verhallte, und die nach Norden heimwärts ziehenden Vögel nur noch als drei leuchtende Punkte am Himmel zu erkennen waren. Mit einem Male war unter dem Schiffsrumpf das Knirschen von Sand zu vernehmen, und die Segel hingen schlaff herunter. Sie waren an der Küste einer schmalen Bucht gestrandet, die weit in eine rauhe, mit Kiefern bewachsene Landschaft eindrang. Auf der anderen Seite der Bucht waren die Schutzwälle einer hölzernen Festung zu erkennen, von deren Turm das Banner des Piraten Cathmann herunterhing. Die Männer aus Munster hatten ihr Ziel erreicht.

Teigue bewaffnete sich, wies seine Leute an, das Schiff zu bewachen, und brach auf, die Gegend auszukundschaften. Während er am Strand entlangging, vernahm er plötzlich vom Wasser her leise seinen Namen. Ein zerlumpter Fährmann kam zu ihm herangerudert und setzte seinen schäbigen Kahn neben ihm auf den Strand. Es war Teigues Bruder Eoghan, der nach einjähriger Gefangenschaft unter Cathmann zu diesem erniedrigenden Dienst gezwungen wurde.

Eoghan wußte Gutes zu berichten: Teigues Gemahlin war unversehrt, wenngleich in Gefangenschaft. Cathmanns Absicht, sie zu seiner eigenen Gemahlin zu machen, hatte sich bislang auf ihr Bitten hin immer wieder verzögert. Teigue war zu einem Zeitpunkt erschienen, da eine Verschwörung im Gange war. Zwei Männer aus Cathmanns Clan hatten sich bewaffnet, und Eoghan sowie Teigues anderer Bruder Airnelach hatten sich ihnen angeschlossen. Eoghan beschrieb seinem Bruder ausführlich die Verteidigungsanlage des Piraten. Dann brachte er Teigue und seine Männer an das jenseitige Ufer, wo Cathmanns Festung lag und wo sich zwischen den Bäumen die Abtrünnigen des Piraten mit ihren Truppen versteckt hielten.

So kam es, daß der irische Prinz nicht mit seinen vierzig Kriegern an dem Fremden Rache nahm, sondern mit einer siebenhundert Mann starken Kompanie. Sie stürmten die Festung bei Nacht, als Cathmann und seine Männer nach einem Gelage schwer betrunken waren. Es war eine erbitterte Schlacht, an deren Ende der Ire das Schloß in Brand steckte. Inmitten der lodernden Flammen kämpften Teigue und Cathmann Mann gegen Mann, und der Prinz aus Munster mußte von dem Piraten einen Schlag nach dem anderen hinnehmen, bis er schließlich in die Knie sackte. Doch er trug den smaragdenen Talisman, den ihm die Fee gegeben hatte, bei sich, und der verlieh ihm die Kraft, sich noch einmal aufzurichten und seinem Gegner den Kopf abzuschlagen. Teigue trug dreißig Wunden davon, aber er blieb am Leben.

Der Tod holte Teigue erst viele Jahre später, lange nachdem er mit seiner Gemahlin und seinen Brüdern nach Irland zurückgekehrt war. Er führte ein geruhsames Leben bis zu dem Tag, als er am Ufer des Boyne von einem weißen Hirsch angegriffen wurde, und die Jungfrau von der Zauberinsel ihm noch einmal erschien, wie sie es Jahre zuvor angekündigt hatte.

In keinem ihrer Berichte über das Abenteuer konnten Teigue oder seine Männer die Stelle auf dem Ozean benennen, wo sie die Grenzen ihrer Welt überschritten und das Reich der Feen betreten hatten. Sie wußten nicht, daß sich die Grenzen der Feenwelt ständig verschoben und veränderten. Es war jedoch bezeichnend, daß das Abenteuer in einem Augenblick seinen Anfang genommen hatte, da ihr Schiff vom Kurs abgekommen war und richtungslos auf dem Meer umhertrieb. Es war ebenso bezeichnend, daß sich das Ereignis in Gestalt eines Sturmes angekündigt hatte. Die Welt der Feen stand in mancher Hinsicht in direktem Gegensatz zu der Welt der Menschen, alles an ihr hatte etwas Unklares und Unbestimmbares.

Trotz der bemerkenswerten Leistungen des menschlichen Geistes war die Welt noch immer voll von Unwägbarkeiten. Nicht nur die unbekannte Wildnis flößte den Menschen Furcht ein — die auf keiner Landkarte verzeichneten Meere, von denen sie umgeben waren, die in den Himmel ragenden Gebirge und die Wälder, die bis zu den Feldern, Dörfern und Festungen vorzudringen drohten. Gewiß, die Natur war schon bedrohlich genug. Doch es lauerten noch größere Gefahren auf die Menschen: Zeit und Raum ihrer Welt waren von Rissen und Spalten durchzogen, durch die man an Orte gelangte, an denen die Gesetze der Menschen keinerlei Geltung hatten.

Es überrascht daher nicht, daß die Menschen großen Wert darauf legten, die Natur durch Erklärungen begreifbar zu machen. Und da vieles leichter zu verstehen ist, wenn man es von anderen Dingen abgrenzt, erklärten sie ihre Welt in Form von Gegensatzpaaren. Das Jahr etwa wurde Winter, wenn die Natur ruhte, und Sommer, wenn die Erde in voller Blüte stand. Entsprechend ließen sich die Stunden in die dunkle Nacht und den hellen Tag aufteilen.

Doch was war mit den Zeiten, die dazwischen lagen? Was war mit der Abend- und Morgendämmerung, die weder Tag noch Nacht waren? Was mit Mittag und Mitternacht, was mit den Nächten zwischen den Jahreszeiten — der Nacht vom 31. Oktober und dem 1. November, die von den frühen Iren als Samain-Nacht bezeichnet wurde und die bei uns später das Allerheiligenfest einleitete, und der Nacht vom 30. April auf den 1. Mai, in Irland Beltaine-Nacht genannt? In jenen rätselhaften Nächten voller Magie waren alle menschlichen Ordnungsprinzipien außer Kraft gesetzt; es war die Zeit, da die Grenzen zwischen der Welt der Sterblichen und anderen Welten am einfachsten zu überschreiten waren.

Neben der zeitlichen bedurfte es auch einer räumlichen Ordnung der Welt: Zu diesem Zweck gliederten die Menschen ihren Lebensraum in Länder, Grafschaften und Gemeinden zogen Mauern, Gräben und Zäune. Überall in Europa wurde der räumlichen Abgrenzung eine so große Bedeutung beigemessen, daß die Menschen alljährlich im Frühjahr in einer weitverbreiteten Zeremonie die Gültigkeit der Grenzlinien bekräftigten, indem sie Markierungen abschritten und dabei mit Haselruten auf den Boden schlugen. Bisweilen wurden während dieses Rituals auch Jünglinge mit den Zweigen traktiert; so sollte symbolisch das Wissen einer Generation an die nächste weitergegeben werden. Auf diese Weise war zwar eine Ordnung hergestellt, doch was war mit den Grenzlinien selbst — den Bächen und Flüssen, die ein Gebiet begrenzten, den Meeresküsten und Seeufern, den Wegkreuzungen, den Zäunen, Mauern und Wällen? Sie gehörten weder diesem noch jenem Ort an und dienten als Pforte in die Welt der Feen.

Aus diesem Grund waren die Menschen an den Grenzbereichen von Zeit und Raum äußerst wachsam und vorsichtig, wohl wissend, daß ihnen dort Sonderbares widerfahren konnte. So gingen etwa die Geister der Toten um: Ein Ire, der sich am Samain-Abend oder am Beltaine-Abend aus dem Haus wagte, sah sich nicht um, wenn er hinter

Auf der Jagd nach einem weißen, rotäugigen Hirsch — Merkmale einer Feenabstammung — kam der walisische Prinz Pwyll in eine andere Welt. Dort erwartete ihn Arawn, König des verzauberten Landes Annwfn, der einen Verbündeten wie diesen tapferen Sterblichen gerade dringend benötigte.

sich Schritte vernahm, denn er wußte genau, daß es die Schritte Toter waren, die er da hörte. In Wales wurde erzählt, in jenen Nächten säße auf jedem Zauntritt ein Geist. (Zauntritte — Stufen, die anstelle von Pforten zum Überwinden von Zäunen bereitstanden — waren ebenfalls Grenzbereiche.) Auch von umherfliegenden Hexen war die Rede. Und über die Zukunft war etwas zu erfahren: In den Portalen englischer Kirchen konnte man bisweilen eine Stimme die Namen all jener aufzählen hören, die im folgenden Jahr sterben würden. In den Nächten zwischen den Jahreszeiten verließen die Feen — auf dem Höhepunkt ihrer magischen Kräfte — ihr Reich vorübergehend. In Scharen versammelt, unternahmen sie festliche Prozessionen zu Pferde, häufig in wohltätiger Absicht: Die schottischen *seelie court* sollen beispielsweise ausgeritten sein, um das Getreide auf den Feldern der Bauern zu segnen.

Bevor die Menschen das Treiben der Feen in jenen Nächten zu fürchten begannen, hatten sie sich nicht selten bei solchen Anlässen in die Felder geschlichen, in der Hoffnung, die Feen auf den Wiesen tanzen zu sehen und ihre verführerische Musik zu hören, durch Öffnungen in den Feenhügeln einen Blick ihrer glanzvollen Reiche zu erhaschen oder auch Zeuge einer prächtigen Prozession zu werden. In jenen unbekümmerten Tagen unternahmen die Menschen noch bedenkenlos Reisen in unbekannte Gebiete und überschritten dabei manchmal Grenzen, ohne sich dessen bewußt zu sein. Teigues Fahrt über den Ozean zählt ebenso dazu wie das Abenteuer eines walisischen Prinzen namens Pwyll, der sich auf eine Jagd begab, die sein Leben von Grund auf ändern sollte.

Pwyll war Prinz von Dyfed im Südwesten von Wales. An einem frischen, kühlen Herbsttag verspürte er plötzlich Lust zum Jagen. So machte er sich mit seinen Leuten und seinen Hunden auf den Weg über die bewaldeten Hügel zu einer Schlucht am Fluß Cuch, wo es stattliche Rothirsche geben sollte. Gegen Abend erreichte die Jagdgesellschaft ihr Ziel, und die Männer schlugen ihr Lager für die Nacht auf. Und am folgenden Morgen weckte Pwyll seine Gefolg-

schaft und die Hunde noch bevor die Sonne aufging, um mit der Jagd zu beginnen. Es wurde gerade hell, als sie in die Tiefen des Waldes aufbrachen. Die Hunde, die um die Hufe der Pferde tänzelten, nahmen schon nach kurzer Zeit eine Fährte auf und stürmten bellend durch das Unterholz.

Pwyll gab das Startzeichen und galoppierte, seinen Männern weit voraus, hinter der Meute her, ohne auf den unebenen Boden oder tiefhängende Zweige zu achten. Einen Moment lang verlor er die Meute aus den Augen. Doch kurz darauf erblickte er ein Knäuel knurrender Hunde am Rande einer kleinen Lichtung.

Pwyll zügelte sein Pferd und schaute sich die Tiere genauer an. Es war eine fremde Meute, die sich da auf der Lichtung um einen zuckenden Hirsch drängten, den sie gerade zuvor zu Boden gerissen hatten. Hunde wie diese hatte Pwyll seinen Lebtag noch nicht gesehen. Ihr Fell war glänzend weiß und ihre Augen und Ohren rubinrot. Er wartete eine Weile, konnte aber niemanden sehen, und im Wald herrschte tiefe Stille. Pwyll hatte nicht die geringste Ahnung, wo er sich befand. Achselzuckend gab er seinem Pferd die Sporen, vertrieb die fremden Hunde und ließ seine eigene Meute über den Hirsch herfallen.

Als er kurz darauf aufblickte, merkte er, daß er beobachtet wurde — ein Mann im Jagdgewand saß auf einem feingesprenkelten Pferd und sah Pwyll verächtlich an.

„Ich verweigere Euch meinen Gruß, Fremder", sagte der Mann. „Es ist eine große Unhöflichkeit, sich die Jagdbeute eines anderen Mannes anzueignen."

Pwylls Gesichtszüge verhärteten sich. „Wo kommt Ihr her, Fremder?"

„Aus Annwfn", antwortete der graugekleidete Jäger. Annwfn bedeutete „Nicht-Welt". Jetzt begriff Pwyll, daß er irgendwann die Grenze zur Welt der Feen überschritten haben mußte — vielleicht, als er bei der Verfolgung des Hirsches vom Wege abgekommen war, vielleicht, als er die Lichtung betreten hatte. „Ich bin Arawn, der König von Annwfn", erklärte der Reiter.

„Sagt mir, wie kann ich meine Schuld wiedergutmachen, mein Herr?"

„Geht in meiner Gestalt nach Annwfn", begann Arawn, „und führt dort an meiner Statt ein Jahr und einen Tag lang die Regierungsgeschäfte. Ihr werdet über all meine Kräfte verfügen, und die liebreizendste Frau der Welt wird Euch das Bett wärmen. Ich werde derweil in Eurer Gestalt über Euer Reich herrschen. Am Ende des Jahres werdet Ihr für mich gegen meinen Feind kämpfen. Es ist Havgan, dessen Ländereien an meine grenzen und der mich alljährlich zum Kampf herausfordert. Wenn Ihr als Sieger hervorgeht, werden wir uns an diesem Ort wiedersehen."

Pwyll willigte ein, und die beiden ritten ans äußerste Ende der Lichtung. Arawn wies auf ein Schloß, das in der Ferne umrißhaft zu erkennen war. „Dort liegt mein Land", sagte er. Und als der Sterbliche seinem Pferd die Sporen gab, fügte der Feenkönig noch hinzu: „Wenn Ihr überleben wollt, so besiegt ihn mit einem einzigen tödlichen Schlag. Ein zweiter würde ihn ins Leben zurückrufen."

Dann ritt Arawn los. Bevor er im Wald verschwand, drehte er sich noch einmal um und hob zum Abschied grüßend seine Hand. Pwyll stutzte, denn der Mann, der dort winkte, war er selbst. Er blickte auf die Hände, die die Zügel seines Pferdes hielten: Es waren die schmalen Hände Arawns.

In der Haut des Fremden ritt Pwyll erwartungsvoll nach Annwfn hinein. Der Weg schlängelte sich durch grüne Felder, die von glänzenden Bächen durchzogen waren. An ihrem Ende lag ein Schloß mit zahlreichen Türmchen, deren Dachschindeln im Sonnenlicht schimmerten und deren Fähnchen im Wind flatterten. Die Tore des Schlosses waren geöffnet, und kaum daß Pwyll eintrat, kamen Diener herbeigeeilt, um ihm aus den Stiefeln zu helfen und sein Pferd zu versorgen. Muntere Edelleute in goldenen Kleidern umringten ihn und plauderten angeregt über die Jagd, während sie sich in die Halle begaben. Pwyll spürte, daß Arawn in seiner Welt großes Ansehen genoß.

In der Halle, wo Feuer prasselten und lange Tafeln für das Festmahl gedeckt waren, wurde Pwyll auch schon von Arawns Gemahlin erwartet. Der König hatte nicht übertrieben: In seinem ganzen Leben war Pwyll kein anmutigeres Geschöpf begegnet. Ihr Haar glänzte im Feuerschein, und ihre Haut war so transparent, daß Pwyll meinte, den roten Wein, den sie aus seinem Kelch trank, durch ihre Kehle strömen zu sehen. Während des Festmahls blieb sie ständig an Pwylls Seite, sprach mit ihm in vertraulichem Ton und strahlte ihn an. Doch als sich das Paar schließlich in sein Schlafgemach zurückgezogen hatte, lag Pwyll, das Gesicht zur Wand gerichtet, schweigend und reglos im Bett neben der Schönen, die sich liebevoll an ihn schmiegte. Wenn er auch in der Haut eines anderen steckte, würde er doch niemals dessen Frau begehren.

So ging das Jahr ins Land: Die Tage waren ausgefüllt mit Jagden, schwelgerischen Festen und vergnügter Geselligkeit. Und Nacht für Nacht lag Pwyll, das Gesicht zur Wand gerichtet, neben der Königin von Annwfn und sprach kein Wort.

Angus und Caer

In den Tagen, als die Tuatha Dé Danann im Innern der Hügel Irlands residierten, wurde ein Prinz jenes Feenvolkes auf sonderbare Weise von Liebe ergriffen. Sein Name war Angus, und da er ein Sohn des Hochkönigs der Tuatha, Dagda, war, nahmen alle um ihn herum Anteil an seiner Trübsal. Und so trug sich die Begebenheit im einzelnen zu:

Eines Nachts nahm Angus im Traum das Rascheln von Seide und den Duft von Apfelblüten wahr. In dem Schatten neben seinem Bett erblickte er ein flimmerndes Licht, das zu einer strahlenden Säule anwuchs, die bebte und flackerte, bis sie schließlich die Gestalt einer Frau annahm. Die Frau spielte auf einer Laute eine so betörende Melodie, daß Angus das Herz stillzustehen schien. Als die letzten Töne verhallten, löste sich die anmutige Gestalt auf, und zurück blieb nur der süße Duft von Apfelblüten.

In den darauffolgenden Nächten erschien Angus im Traum wieder dieselbe begehrenswerte, aber unerreichbare Gestalt. So ging es ein ganzes Jahr lang. Der Prinz zog sich immer mehr von seinen Gefährten zurück, und die Sehnsucht nach der schönen Frau aus seinen Träumen ließ ihn zunehmend schwächer und blasser werden, Ja, schließlich drohte Angus zugrunde zu gehen an dem Verlangen, das die Iren „Liebe aus der Ferne" nennen.

Als der Dagda von den Qualen seines Sohnes erfuhr, befahl er, in ganz Irland nach der Jungfrau zu suchen.

Monatelang durchkämmten die Heerscharen der Tuatha die entlegensten Gebiete der Insel, bis ihrer Suche zu guter Letzt in den Galty-Bergen an einem See, der „Drachenschlund-See" genannt wurde, Erfolg beschieden war. Eilends brachten sie den bedauernswerten jungen Prinzen dorthin.

Es war ein friedlicher Ort voller Schönheit: Im unbewegten Wasser des von grünem

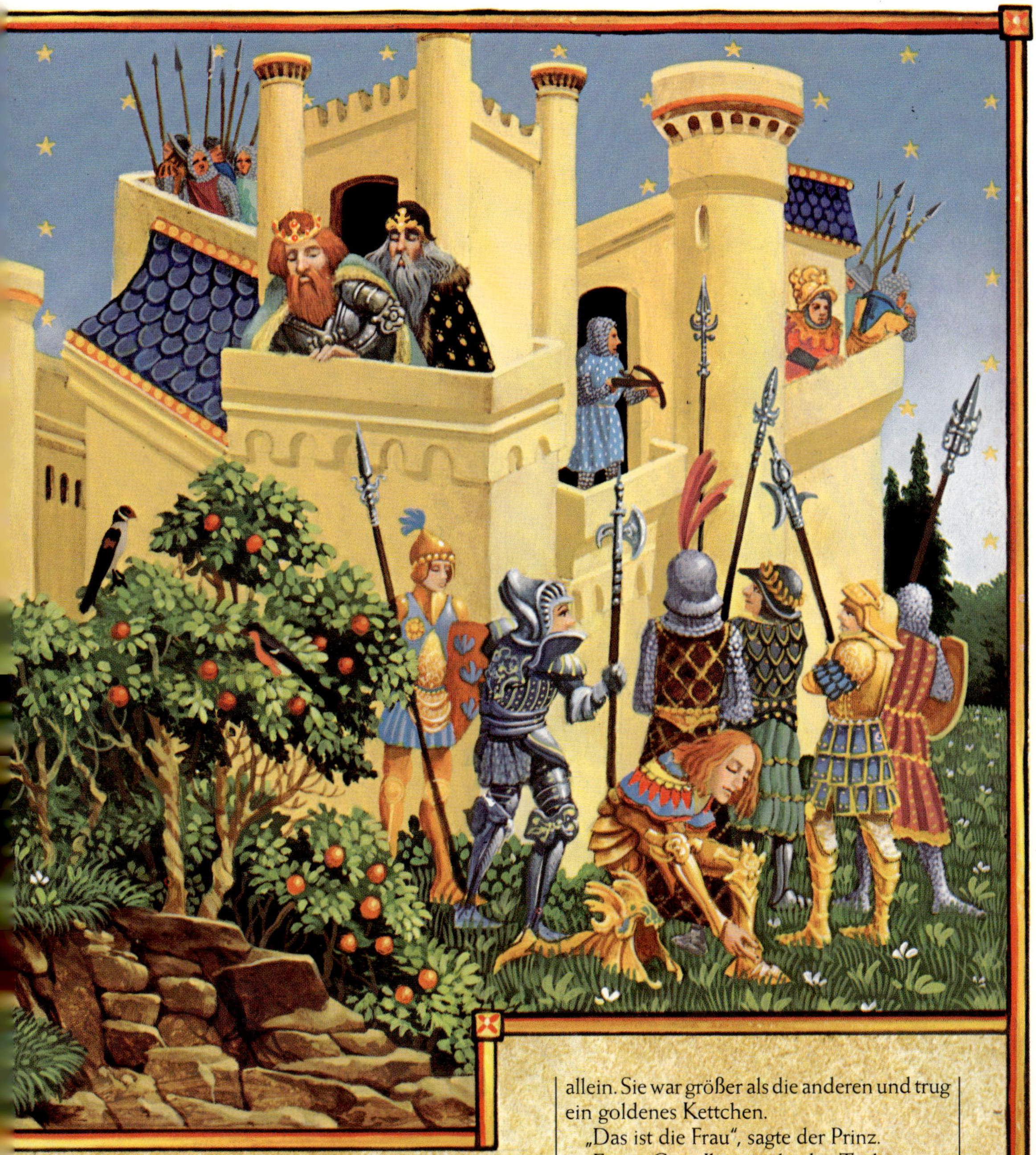

Schilf gesäumten Sees spiegelten sich die vorüberziehenden Wolken. Und schon nach kurzer Zeit entdeckte Angus im Schilf eine Schar Feen in flatternden Gewändern, die so weiß waren wie Apfelblüten.

Die Jungfrauen wandelten vollkommen geräuschlos paarweise durch das Schilf, und jedes Paar war durch ein Silberkettchen miteinander verbunden. Nur eine von ihnen ging allein. Sie war größer als die anderen und trug ein goldenes Kettchen.

„Das ist die Frau", sagte der Prinz.

„Es ist Caer Ibormeith, die Tochter von Ethal Anubal, dem König des Feenvolkes von Connacht", erklärte einer der Tuatha-Könige. „Ihn müssen wir um seine Tochter bitten; doch seine Zustimmung wird nicht einfach zu erhalten sein."

Und diese Befürchtung bewahrheitete sich: Ethal Anubal war nicht einmal bereit, mit ihnen zu sprechen. Darauf stürmten Dagdas Truppen die Festung.

In der erbitterten Schlacht, die darauf folgte, nahmen die Krieger der Tuatha den König Ethal gefangen. Als Preis für seine Freilassung forderte der Dagda Ethals Tochter für seinen Sohn Angus.

Doch Ethal lehnte die Forderung ab. Er sagte, er könne nicht über sie bestimmen, da sie über weitaus größere Kräfte verfüge als er. Sie lebe zusammen mit ihren Gespielinnen ein Jahr lang in der Gestalt einer Jungfrau und in dem darauffolgenden Jahr in der Gestalt eines Schwans. Und nur als Schwan sei sie bereit, einen Mann zu empfangen.

„Wann wird sie wieder zu einem Schwan?" fragte einer der Krieger.

Ethal erklärte, was zu tun sei. Angus müsse in der nächsten Samain-Nacht zum Drachenschlund-See gehen und Caer, die ihm dann als Schwan erscheinen würde, selbst um ihre Hand bitten.

Am Samain-Abend begaben sich Angus und der Dagda wieder zum Drachen-

schlund-See. Dort gewahrte Angus im Schilf einige Paare von blütenweißen Schwänen, die jeweils durch silberne Kettchen miteinander verbunden waren.

Inmitten der Schwanenschar schwamm ein einzelner mit einem goldenen Kettchen. Er blickte auf das Wasser und betrachtete versonnen sein Spiegelbild. Angus sprach ihn vom Ufer aus an.

„Wer ruft mich?" fragte der Schwan.

„Angus ruft dich", antwortete der Prinz.

„Ich werde mit dir kommen, wenn du mir bei deiner Ehre schwörst, daß ich jederzeit zu meinen Gefährtinnen auf dem Drachenschlund-See zurückkehren darf."

„Ich schwöre es", erklärte Angus.

Daraufhin glitt der Schwan majestätisch auf das Seeufer zu, wo der Prinz stand. Im nächsten Augenblick konnten der Dagda und seine Gefolgsleute Angus nicht mehr sehen. Statt dessen schwammen jetzt zwei Schwäne auf dem Wasser.

Die beiden großen Vögel, hinter denen sich Angus und Caer verbargen, schwammen dreimal zusammen um den See. Dann hoben sie ab und ließen sich langsam vom Wind ostwärts über die grünen Hügel Irlands tragen.

Bei Angus' Schloß angekommen, kreisten die Schwäne singend um die Zinnen der Türme. Ihr Gesang war von so bezaubernder Sanftheit, daß sich überall tiefer Frieden ausbreitete. Die Hunde dösten friedfertig in ihren Zwingern, die Pferde standen schläfrig in ihren Ställen.

Dieser Friede hielt drei Tage an, und während der ganzen Zeit zogen die beiden Liebenden in Schwanengestalt hoch über dem Schloß ihre Kreise und sangen dabei ihr Hochzeitslied.

Von da an blieb Caer ihr ganzes Leben lang bei Angus; bisweilen nahmen beide ihre menschliche Gestalt an, bisweilen flogen sie wild und frei als Schwäne.

Am Ende des Jahres rüstete Pwyll sich zum Kampf gegen Havgan und ritt in Begleitung von Arawns Rittern zum Ort der Entscheidung — einer Furt in einem Fluß, der die beiden Feenreiche voneinander trennte.

Am gegenüberliegenden Ufer wurde er bereits von Havgan erwartet, einem gewaltigen Mann mit ausdruckslosen Augen, umgeben von seinen Gefolgsleuten. Als er seinen Feind gewahrte, erhob er die Lanze, die er bei sich trug, und rief: „Hört gut zu! Dies ist ein Einzelkampf zwischen zwei Königen, der entscheiden soll, wer über dieses Gebiet herrscht. Und einzig und allein wir beide werden uns gegenübertreten." Daraufhin zogen sich seine und Arawns Männer zurück, und die beiden Könige bezogen auf ihren Schlachtrossen Position.

Havgan nickte mit dem Kopf, senkte seine Lanze, und schon stürmten die beiden Krieger aufeinander zu und trafen mit einem gewaltigen Krachen in der Mitte der Furt zusammen. Havgan stieß einen gellenden Schrei aus, woraufhin von beiden Ufern des Flusses Rufe ertönten. Pwylls Lanze war auf den Buckel des gegnerischen Schildes getroffen, hatte ihn zersplittert und die Rüstung des Feindes durchbohrt.

Der Feenkönig sackte vornüber auf den Hals seines Pferdes und stürzte zu Boden; sein Blut färbte das Wasser der Furt rot.

Das Licht seiner Augen begann schon zu erlöschen, als Havgan durch Arawns Gestalt hindurch Pwyll gewahrte. „Mit Euch lag ich nicht in Hader", sagte er mit letzter Kraft. „Jetzt, da Ihr schon den ersten Schlag getan habt, macht meinen Schmerzen ein Ende und versetzt mir den Todesstoß."

Pwyll erinnerte sich jedoch an Arawns letzte Worte. „Versetzt Euch selbst den letzten Stoß. Ich tu es nicht."

Da rief Havgan seinen Männern zu: „Ich kann euch nicht länger anführen!" Dann starb er blutüberströmt im flachen Wasser der Furt. Pwyll blickte über den besiegten König zu dessen Kriegern hinüber und rief: „Entscheidet selbst, wer von euch sich mir anschließen und den Streit für alle Zeit beenden will." Einer nach dem anderen kamen Havgans Männer zu ihm herüber und bekundeten ihm ihre Ergebenheit.

So wurden die beiden Feenreiche unter Arawns Herrschaft durch Pwyll vereinigt. Am Tag darauf ließ der Sterbliche die Königin im Schloß zurück und machte sich auf zu der Lichtung im Wald, wie er und Arawn es vereinbart hatten.

Der Feenkönig in menschlicher Gestalt war schon vor ihm eingetroffen. „Ich war ein guter Herrscher über Euer Reich", erklärte er.

„Und ich habe meine Ehre wiederhergestellt", antwortete Pwyll. Die beiden ritten aufeinander zu und begrüßten sich in gebührender Weise. Dann gab jeder von ihnen seinem Pferd die Sporen, um in sein eigenes Reich zurückzukehren. In dem Augenblick, da sie die Lichtung verließen, nahm jeder wieder seine wahre Gestalt an.

Zurück an seinem Hofe, wurde Arawn wie gewohnt begrüßt.

Niemand hatte etwas von seiner langen Abwesenheit bemerkt. Doch seine Gemahlin schien ihm — auch wenn sie ihn wie eh und je fröhlich neckte und aus seinem Weinkelch trank — zurückhaltender als gewöhnlich zu sein. Als Arawn sich mit ihr nach dem abendlichen Festmahl in das Schlafgemach zurückgezogen hatte und sie nach der langen Trennung endlich wieder in seine Arme schließen wollte, wandte sie sich wortlos ab.

„Was ist mir dir?" fragte Arawn.

„Warum liebkost du mich jetzt, nachdem du es ein Jahr lang nicht getan hast?" erwiderte sie mit trauriger Stimme.

„Aber ich habe dich doch immer liebkost", antwortete der König Arawn.

Kein Sterblicher wußte, wo das Reich der Feen lag: Der Vorhang der Unsichtbarkeit, der die hohen Berge und die mit Türmen verzierten Schlösser verhüllte, hob sich nur auf Geheiß der Feen selbst.

Sie schüttelte den Kopf, Arawn wurde still und sann über die Ehrhaftigkeit des Sterblichen nach, der seinen Platz eingenommen hatte. Schließlich sagte er sanft: „Vergib mir, meine Liebste, aber ich war das ganze Jahr über weit weg von dir." Und dann erzählte er ihr, wie sich alles zugetragen hatte.

Als er damit fertig war, sagte seine Gemahlin: „Welch ein wahrhaft ergebener Freund, der sich für dich derart verleugnet."

„Das meine ich auch", erwiderte Arawn.

„Wahrhaftig", sagte seine Gemahlin lachend, und alles war gut.

Das war der Anfang einer lebenslangen treuen Freundschaft zwischen dem Feenkönig und dem Sterblichen. Sie gingen gemeinsam auf die Jagd in der Welt der Menschen und in Annwfn und beschenkten sich gegenseitig mit Falken, Hunden und Pferden.

Als bekannt wurde, wie tapfer Pwyll gewesen war, nannten ihn die Leute häufig statt den Prinzen von Dyfed auch das Haupt von Annwfn. Zur Gemahlin nahm er eine Fee, die den Namen Rhiannon trug.

Derartige Freundschaften und zwanglose Kontakte zwischen der Welt der Menschen und der Welt der Feen waren jedoch selbst in frühester Zeit die Ausnahme und wurden im Laufe der Jahrhunderte immer seltener. Und während sich das Herrschaftsgebiet der Menschen zunehmend ausdehnte und die Natur verdrängte, wich auch das Reich der Feen und wurde schließlich zu etwas ganz Außergewöhnlichem und Sonderbarem, das kaum oder nur noch in großer Ferne in Erscheinung trat.

Es konnte zum Beispiel vorkommen, daß ein Seefahrer gedankenverloren über die Bordkante seines Schiffes blickte und auf einmal, wie in einem Gebirgssee, bewaldete Berge gewahrte, auf deren Gipfeln Schlösser mit zahllosen Türmchen in den Himmel ragten. Möglicherweise erspähte er in den grünen Tiefen auch Schäfer mit Herden und Reiter,

die sich gerade auf die Jagd begaben. Der Schatten seines Schiffes zog über diese Landschaft wie die Schatten der Wolken über Felder und Hügel auf der Erde, und die Geschöpfe dort unten richteten ihre Blicke neugierig aufwärts und sahen ihm vielleicht sogar in die Augen. Ein solches Reich soll es vor der Küste Schottlands gegeben haben. Einige nannten es Lochlann, andere Sorcha. (Es hieß, daß die Kinder des dort herrschenden Königs im Meer die Gestalt von Robben — oder *selkies* — und an Land die von Menschen annähmen. Sie waren zur Einsamkeit verurteilt, denn sie waren nirgends zufrieden: Im Meer verspürten sie ein starkes Verlangen nach dem Land, und auf dem Trockenen sehnten sie sich nach dem Meer.)

An den rauhen Westküsten Irlands und Norwegens war es möglich, daß die Leute, die innehielten, um die glutrote Bahn der untergehenden Sonne zu bestaunen, ganz unvermutet nebelhafte Inseln aus den Wellen aufsteigen sahen. Ohne jeden Zweifel war es ein Feenreich, das sich dort vor ihnen auftat, denn das glühende Licht der Sonne spiegelte sich auf den Fensterscheiben der dortigen Schlösser wider. Aber jedesmal verschwanden die Inseln nach einer Weile wieder im Meer. Die Iren nannten sie die Inseln der Seligen oder auch Tir na n'Og — das Land der Jugend — und Tirn Aill — die andere Welt. Vor der walisischen Küste konnte man bisweilen Ynis Gwydrin — die gläserne Insel — sehen, deren Paläste allesamt aus Glas waren und wie Kristalle funkelten.

Auf dem Festland waren die Feenreiche im Innern grasbewachsener Hügel versteckt, die sich am Samain-Abend öffneten oder sogar auf Säulen aufstiegen und die prächtigen Paläste ans Licht brachten. Solche Hügel gab es sowohl in Irland als auch in Schottland.

Ach, dürfte man doch nur ein einziges Mal in dieser geheimnisvollen Welt Gast sein, meinte ein Reisender sehnsüchtig. Bestimmt sei dort alles von einer ungeheuren Intensität — die Sonne güldener und der Mond silberner als in der menschlichen Welt, der Duft der Blumen lieblicher und die Früchte süßer. „Alles ist in der Feenwelt schöner und besser", sagte er, „und genau daran kann man sie erkennen."

Es verwundert kaum, daß es abenteuerlustige junge Menschen gab, die ihre eigene Welt verließen und sich entschieden, im Reich der Feen zu bleiben. Einer von ihnen war Loegaire, der Sohn eines Königs von Connacht. Er hatte an der Seite des Feenkönigs Fiachna gekämpft und dessen Land so liebgewonnen, daß er alle Verbindungen zur Welt der Menschen löste — eine Entscheidung, die seinem Vater das Herz brach.

Ein anderer Abenteurer, der einen ähnlichen Entschluß faßte, war der irische Prinz O'Donoghue, auf dessen Tapferkeit selbst die Tuatha ein Loblied sangen. O'Donoghue verließ einst am Maitag seine Festung und begab sich geradewegs in den Killarney-See. Er verschwand in den Fluten und wurde nie wieder lebendig gesehen.

Jahrhundertelang besuchte er alljährlich am Morgen des Maitages sein irdisches Reich. Kaum, daß die Sonne den in der Nähe des Sees gelegenen Mount Glenaa berührte, begann das Wasser zu schäumen, und aus der Tiefe des Sees kam O'Donoghue auf einem weißen Schlachtroß aus der Gischt gestürmt. In seinem Gefolge war eine große Schar junger, wohlgestalter Frauen und Männer, die dem Prinzen zu silbernen Glockenklängen tanzend über das Wasser folgten und schließlich mit ihm in den Nebelschwaden am Seeufer verschwanden.

Doch dann brach die Zeit an, da Sterbliche, die die Grenzen in das Reich der Feen überschritten hatten — und das geschah nur noch äußerst selten —, nicht mehr die Wahl hatten, zu bleiben oder in ihre Welt zurückzukehren. Sie waren für alle Zeit von ihresgleichen getrennt, wenn nicht ein anderer Mensch zu ihrer Rettung kam.

Die Grenzen zwischen den beiden Welten begannen sich zu schließen, und es war den Sterblichen nicht länger vergönnt, Feengold zu berühren oder die Früchte des Feenlandes zu essen, ohne sich dadurch in Gefahr zu begeben. Und die leidenschaftliche Liebe zu einer Fee sollte zu einem Quell unaufhörlichen Leids werden.

Es wurde auch erzählt, die Tuatha seien im Laufe der Jahrhunderte immer kleiner geworden. Wer sie zufällig bei ihren nächtlichen Prozessionen oder Tänzen erblickte, sah keine hochgewachsenen Könige oder Königinnen, sondern zierliche Geschöpfe, die nicht größer waren als eine menschliche Hand und deren Musik nicht lauter war als das Zirpen eines Insektenschwarms. Die in hauchzarte goldene Gewänder gekleideten Frauen waren von vollkommener Gestalt und liebreizendem Aussehen, und die Rüstungen der winzigen Ritter funkelten wie geschliffene Edelsteine. Um sie herum erstrahlte feenhaftes Licht, und die Luft war auch dann noch von einem berauschenden süßen Duft erfüllt, als die Gesellschaft schon längst den Blicken Sterblicher entschwunden war.

Die Prinzen der Feenwelt sollen sogar noch kleiner geworden sein — so klein, daß sie auf Grashüpfern anstatt auf Pferden ritten und Rüstungen aus Fischschuppen trugen. Sie lebten nicht länger in Hügeln und Seen sondern in ausgehöhlten Eichen oder in den Blütenkelchen von Sumpfdotterblumen oder unter den Blättern von Erlen und Birken.

Und schließlich schwanden die Heldenfeen allmählich als gesonderte Gattung und gingen in die große Schar der Erdfeen auf, die seit Anbeginn der Welt Feld, Wald und Gewässer bevölkerten.

Von einem unter Wasser gelegenen, für den Menschen unergründlichen Königreich aus stieg der irische Stammesfürst O'Donoghue — er hatte die Welt der Sterblichen freiwillig verlassen — am Maifeiertag auf und galoppierte über das Wasser. Ihn zu sehen brachte Glück.

Der Schimmer auf einem dunklen Teich kann sich als eine elegante Szene entpuppen, bei der ein

…iebespaar im Blütenkelch einer Wasserlilie Hof hält.

Eine eigene kleine Welt

Schon immer waren die Menschen — vor allem zu so besonderen Gelegenheiten wie der Mittsommernacht — unermüdlich damit beschäftigt, in Wäldern und Büschen ein Lebenszeichen der Feen zu entdecken. Das leise Rascheln eines Blattes oder ein schwacher Lichtschein am Boden konnten ein Hinweis darauf sein, daß sich Scharen kleiner Feen in der Nähe befanden. Sobald sich ein Sterblicher bemerkbar machte, verschwanden die Feen schnell, damit ihr Geheimnis gewahrt blieb. Wer sich jedoch behutsam heranschlich, konnte sie vielleicht für einen kurzen Moment in ihrem Reich erblicken.

Die in Wald und Feld heimischen kleinen Wesen — winzige Abkömmlinge der mächtigen Feen, wie sie den Sterblichen am Anfang vertraut waren — pflegten die gleichen Gewohnheiten wie ihre Vorfahren. In einem Reich, wo ein Blatt ein stattlicher Baldachin, ein Dorn ein grausamer Stachel und ein Rotkehlchen ein gefährlicher Eindringling waren, verbrachten sie ihre Zeit mit Musik, Festen, Sport und Kriegen. Trotz ihres blühenden Äußeren gehörten diese kleinen Wesen einer Rasse an, die dem Untergang geweiht war. Sterbliche, denen es gelungen war, einen Blick in ihre leuchtenden Königreiche zu werfen, berichteten bisweilen von eindrucksvollen Feenbegräbnissen — ein Beweis dafür, so wurde gemutmaßt, daß Feen zwar lange lebten, aber doch nicht unsterblich waren.

Im Mondlicht einer Sommernacht dienten di

tiele der Blumen als gewundene Treppe und bunte Nachtfalter als fliegende Rösser.

Dem besonders von Gärtnern geliebten Rotkehlchen tat nie ein Mensch etw

ıleide. Doch die menschlichen Jagdgepflogenheiten galten nicht für die Feen.

Einige Sterbliche betrachteten die weißen Mäuse als Glücksboten, für andere dagege

edeuteten sie ein schlechtes Omen. Den Feen, so hieß es, brachten sie angenehmen Zeitvertreib.

Als er sich einst allein in seinem Garten aufhielt, wurde ein Poet Zeuge eines Feenbegräbnisses

Die tote Fee wurde auf einem Rosenblatt getragen.

Kapitel Zwei

Wächter über Feld und Flur

Einstmals, da der größte Teil der Erde noch Wildnis war, gab es kaum eine andere Landschaft, die so viele Geheimnisse in sich barg, wie die Taiga, jener Wald aus Kiefern, Birken, Fichten und Espen, der sich Tausende von Kilometern über Rußland erstreckt, nur hin und wieder unterbrochen von nebligen Torfmooren, wo des Nachts flackernde Lichter tanzen, und einigen Dörfern, deren Häuser sich dichtgedrängt hinter hölzernen Einzäunungen kauern. Es war ein sonderbares und gefahrvolles Gebiet. Wolf und Bär, Tiger und Leopard, Elch und Reh streiften dort wild umher; und all diese Tiere, so konnte man in den Dörfern hinter vorgehaltener Hand hören, würden von Waldelfen — den sogenannten *leschije* — beherrscht.

Nur wenige Menschen bekamen jemals einen *leschij* zu Gesicht, und jene, die einen gesehen hatten, gaben sehr widersprüchliche Beschreibungen seiner äußeren Erscheinung. Der Elf war so vielgestaltig wie Sonnenstrahlen auf einem Blatt und im allgemeinen von seiner Umgebung kaum zu unterscheiden. Ein *leschij* konnte so groß sein wie ein uralter Baum, grün und verworren wie die Reben, die ihn überwucherten, und zerklüftet wie die Borke seines Stammes. Er konnte aber auch so winzig sein wie eine Feldmaus und unbemerkt durch das dichteste Unterholz schlüpfen oder als ein Wirbel von Blättern und Staub auftauchen. Und wenn ihm gerade der Sinn danach stand, trat er als Eule oder Wolf oder auch als ein in dicke Pelze gehüllter uralter Mann in Erscheinung. Es hieß, er sei in Wahrheit von menschenähnlicher Gestalt, mit Haaren und Bart so grün wie Efeu, einem langen, schmalen Gesicht, kalten glänzenden Augen, gebogenen Hörnern und gespaltenen Ziegenhufen.

In Wahrheit wurde der Waldelf häufiger gehört als gesehen. Er konnte alle Geräusche der Taiga nachahmen — das Ächzen und Heulen des Windes, das Rauschen der Blätter und die Echos zwischen den Baumstämmen. Die wenigen furchtlosen Seelen, die sich tief in die Wälder hineinwagten — Jäger, Holzfäller und Köhler — hüteten sich davor, den scheinbar harmlosen Geräuschen zu lauschen, die um sie herum zu vernehmen waren: Der Sterbliche, der das Flüstern und Murmeln eines *leschij* beachtete, kam leicht von seinem Pfad ab und geriet in Gefahr.

Denn der *leschij* war den Menschen gegenüber voller Schabernack, wenn nicht gar Feindseligkeit. Bisweilen kauerte er, wie ein Kind in der Wiege, im Geäst eines Baumes und ergötzte sich daran, unheilvoll zu seufzen, zu stöhnen oder zu kichern. Ein *leschij*, der das tat, wurde nach dem russischen Wort für Wiege *sybotschnik* genannt. Manchmal ließ der Elf sich auch in den verlassenen Hütten nieder, die verstreut im Wald lagen und von Schutz suchenden Wanderern als Herberge benutzt wurden. Ein Sterblicher, der eine Hütte betrat, die von einem *leschij* in Beschlag genommen war, hatte damit das Hoheitsgebiet des Elfen verletzt. Der Sünder war dazu verdammt, die Nacht zusammengekauert im Haus zu verbringen und das Heulen und Klappern eines aufgebrachten Geistes zu ertragen, der vor der Tür wütete.

Wenn er seinen Kräften freien Lauf ließ, war der *leschij* so launenhaft und willkürlich wie ein Barbarenkönig und so vielgestaltig wie der Wald selbst. Im Frühjahr pflegte er mit heulenden Sturmböen und aufgewühlten Wassermassen gegen andere *leschije* zu kämpfen. Bevor er sich im Herbst zum Winterschlaf in sein unterirdisches Quartier zurückzog, erfaßte ihn noch einmal der Zorn, und die Tiere im Wald sahen zu, daß sie sich vor seinen Ausbrüchen in Sicherheit brachten.

Während der Sommermonate war er allerdings eher zu Späßen aufgelegt. Er versetzte Wegweiser, gab in Gestalt eines freundliches Wanderers zuvorkommende Ratschläge, wie Wege abzukürzen waren, oder ahmte einfach das klägliche Schreien eines Kindes nach. Auf diese Weise wurde so mancher Wanderer immer weiter von seinem Pfad fortgelockt, bis er sich schließlich in einem morastigen Sumpf oder am Rand eines schwindelerregenden Abgrunds wiederfand. Meistens dauerte es dann nicht mehr lange, daß aus der Dunkelheit des Waldes das frohlockende Gelächter des *leschij* ertönte.

Es gab aber auch finstere Geschichten über Frauen, die von kläglichen Rufen in dichte Birkenwäldchen gelockt wurden, wo lüsterne *leschije* über sie herfielen. Außerdem soll der Elf Wanderer förmlich zu Tode gekitzelt haben, indem er ihre Körper mit Zweigen malträtierte und ihre Gesichter mit Grashalmen triezte, bis ihnen vor Lachen die Luft wegblieb und sie schließlich vor Erschöpfung ihren letzten Atemzug taten. Wer Nutzen ziehen wollte aus dem Wald, war gut beraten, seine Gebieter mit Geschenken versöhnlich zu stimmen: Hirten schlachteten Kühe und ließen, wenn sie ihr Vieh auf Weideflächen im Wald trieben, die Kadaver für die *leschije* zurück; Jäger legten als hoffnungsvolles Zeichen von Freundschaft Brot und Salz aus — das eine als Symbol des Lebens, das andere als Symbol der Ewigkeit.

Die russischen *leschije* machten aber nur einen Bruchteil der Feen- und Elfengestalten aus, die damals in großer Zahl die Wildnisse bevölkerten. Ebenso wie die vornehmen Tuatha Dé Danann sich in die Nebel zurückzogen und nur noch gelegentlich — und dann in kleinerer Gestalt — wiederauftauchten, lebten auch die alten Mächte der Natur fort.

In dem Zeitalter, als es noch keinen geregelten Handel und kaum Städte gab, siedelten die Menschen in Europa größtenteils in verstreut liegenden Dörfern, umgeben von Weideland und Feldern, auf denen Hafer, Hirse und Gerste angebaut wurden. Das Leben der Bauern wurde vom Rhythmus der Natur bestimmt — dem Frühjahrswachstum, der Sommerreife, der Ernte des Herbstes und den rauhen Tagen des Winters.

Der Geist der Lüfte

Auf einer fernen kleinen Insel, die von Meeresbrisen umweht und von lieblichen Melodien erfüllt war, lebte der Sylphe Ariel – der Geist der Lüfte. Er schlief im Blütenkelch eines Himmelsschlüsselchens, ritt munter auf dem Rücken einer Fledermaus und blickte zuweilen von einer Schäfchenwolke aus auf die Lustbarkeiten der Menschen herab. Mit seinem Gesang (denn seine Sprache war der Gesang) vermochte er die Menschen so sehr zu bezaubern, daß einige dem Wahnsinn anheimfielen. Er wußte die Winde zu bändigen oder zu entfesseln, den Regen zu beschwören oder tosende Flammen zu entfachen. Doch er war zu sehr mit der Luft verwoben, als daß er in der menschlichen Welt hätte existieren können. So kam der Tag, an dem er die menschliche Welt für immer verließ und völlig in das Element überging, aus dem er vor langer, langer Zeit gekommen war.

Überall in der Natur waren geheimnisvolle Kräfte am Werk. All die kleinen Felder und Haine waren von Mächten beseelt, die das Getreide reifen ließen und die Ernte beschützten — aber auch zuließen, daß sie Krankheiten oder Krähen oder Dieben zum Opfer fielen. Und in der weiter entfernt liegenden Wildnis lauerten einflußreiche Geister wie die *leschije* oder der boshafte Robin Goodfellow der englischen Wälder. Einzelne Bäume und Sträucher hatten ihre eigenen Bewohner, und auch Bäche und Seen beherbergten verführerische Geschöpfe. Selbst Wind und Stürme zeugten von der Existenz des einflußreichen Feenvolks.

Ständig beansprucht durch die tägliche Arbeit auf den Feldern und voller Angst vor möglichen Gefahren, die jenseits der Grenzen ihrer kleinen Welt lauerten, wagte sich die Landbevölkerung nur selten in die düsteren Wälder oder die einsamen Heidegebiete. Daher kannten sich die Bauern zwangsläufig am besten mit den Naturgeistern aus, die in ihrer näheren Umgebung wirkten.

Wie es dazu kam, daß Feen ursprünglich gerade in Landstrichen ansässig wurden, die mit Pflug, Egge und Sense urbar gemacht worden waren, bleibt in den Überlieferungen unbeantwortet. Vielleicht verließen sie ihre Schlupfwinkel in den umliegenden Wäldern vor langer Zeit aus einer bloßen feenhaften Laune heraus. Es ist aber auch möglich, daß sie die Seelen verschwundener Wildnisse und Wälder sind, die gerodet und dann unter den Pflug genommen wurden. Woher sie auch gekommen sein mögen — im Laufe der Zeit übernahmen sie die Schirmherrschaft über Getreide und Früchte und wurden damit zu den wichtigsten Verbündeten der Bauern. Sie bestraften Diebe und Drückeberger und alle, die eine ertragreiche Ernte behinderten.

In den Weizenfeldern Rußlands lebte beispielsweise ein Geist, der *polewik* genannt wurde. Nur wenige bekamen ihn jemals zu Gesicht, weil er behende war und seine Größe verändern konnte. Im Frühjahr wuchs er mit den Halmen des Weizens, aber nach der Ernte schrumpfte er auf die Höhe der Stoppeln zusammen. Drückeberger, die inmitten eines Kornfelds ein Schläfchen hielten, kannten ihn allerdings recht gut, denn in den Nachmittagsstunden durchstreifte er die Felder auf einem Pony, das den Schlafenden kräftige Tritte versetzte und mit seinen Hufen Erdklumpen auf sie warf.

Die deutschen Kornböcke bewachten das Getreide nicht nur, sondern förderten auch seine Reifung. Ebenso geheimnisvoll wie der *polewik*, lenkten sie den Wind, der die Weizenfelder durchstrich, versteckten sich — als blaue Kornblumen verkleidet — zwischen den Halmen oder streiften in Gestalt angriffslustiger Ziegen durch die Felder.

Es ist nicht immer offensichtlich, ob diese Geschöpfe aus Sorge um die Interessen der Bauern handelten oder einfach zum Schutz der Felder und Haine, in denen sie lebten. Die Feen der englischen Haselsträucher sollen bei denjenigen, die unreife Nüsse pflückten, Blähungen und Krämpfe hervorgerufen haben. Dagegen läßt die Geschichte einer in einem Obstgarten heimischen Fee kaum einen Zweifel daran, daß diese Naturgeister ihren menschlichen Nachbarn durchaus zur Seite standen, sofern deren Handeln zugleich auch in ihrem Interesse lag.

Inmitten der hügeligen Landschaft Dorsets soll ein wildes Fohlen durch die Apfelhaine gestreift sein, das von den rechtmäßigen Besitzern der Bäume niemals gesichtet wurde, aber augenblicklich furchterregend in Erscheinung trat, wenn Diebe auftauchten. Es warf ihnen mit seinen apfelgrünen Augen solch stechenden Blick zu, daß es sie lähmte. Die Geschichte berichtet von einer Witwe,

die ihren Lebensunterhalt aus zwei Gärten mit mächtigen Apfelbäumen bestritt, deren Früchte auf dem Markt einen guten Preis erzielten. Als sie alt wurde, war es ihr nicht länger möglich, ihre Äpfel zu bewachen. Ein Nachbar, der das wußte und ein wenig von schwarzer Magie verstand, beschloß eines Abends im Herbst, ihr Obst zu rauben.

Um sich vor dem verhängnisvollen Blick jenes Feenfohlens zu schützen, kletterte der Mann in einen großen Weidenkorb. Dann sagte er einige Zauberformeln auf, die den Korb durch Seitengäßchen des Dorfes in den Garten der Witwe springen ließen. In der Mitte des Gartens kam der Korb zum Stehen. Der Zauberer murmelte wieder einen Spruch,

Ein schalkhafter Störenfried

„Ich bin der frohe Wanderer der Nacht", rief der Elf Robin Goodfellow, von der Landbevölkerung bisweilen auch Puck genannt. Er war der Schalk im Feenreich, ein gewitzter Kerl, der Reisende in Sümpfe lockte, faule Hausmädchen kniff und unverbesserliche Schwätzer von ihren Stühlen purzeln ließ. Es hieß, daß sein verführerisches Flötenspiel die Menschen tanzen ließ, als seien sie Zirkusbären, die sich im Takt der Trommeln wiegten. Und es wurde erzählt, daß er sich daran erfreute, Verwirrung unter den Menschen zu stiften, und niemals satt wurde, sich an den Torheiten der Menschen zu laben.

woraufhin sich im nächsten Moment die Äpfel von den Zweigen lösten und in den Korb prasselten. Über seine schlechte Planung fluchend, ertrug der Dieb den schmerzlichen Apfelhagel, bis ihn ein besonders großes Exemplar mitten ins Auge traf.

Mit triefendem Auge sprang er aus dem Korb heraus – und verspürte augenblicklich scharfe Zähne in seinem Hinterteil. Um den Korb mit den gestohlenen Äpfeln herum jagte das Feenfohlen den Missetäter und trat und biß ihn, bis dieser plötzlich ausscherte und unversehens Auge in Auge dem Fohlen gegenüberstand.

Als die Witwe am nächsten Morgen in den Garten kam, fand sie den Zauberer zerrissen und zerbissen bewegungslos neben seinem Korb voller Äpfel stehen. Das Fohlen hingegen war nirgends zu sehen.

Der Dieb hatte sehr wohl gewußt, welches Risiko er einging, als er die Äpfel zu stehlen versuchte, denn im Dorf kannte ein jeder das muntere Wiehern des Tieres, und überdies hatten Bäume von jeher Scharen von feenhaften Geschöpfen als Behausung gedient. In den Waldgebieten des alten Griechenland lebten beispielsweise zahllose Nymphen, von denen sich einige in verlassenen Hainen und Wäldern dem Tanz hingaben. Sie wurden nach dem Wort *drys*, das „Eiche" bedeutet, Dryaden genannt. Die als Hamadryaden bezeichneten Nymphen waren jeweils Teil eines bestimmten Baumes: Der Körper der Hamadryade wurde eins mit der Rinde und dem Laubwerk, so daß auch die Nymphe zugrunde ging, wenn ihr Baum gefällt wurde.

Nymphen und ihre Nachfahren lebten noch jahrhundertelang in den Wäldern Europas. In Deutschland suchten Waldelfen in Bäumen Schutz und benutzten dabei Astlöcher als Eingang. Auch in anderen nördlichen Gegenden beherbergten Bäume Feen von der Art der Hamadryaden, deren Leben direkt mit dem Laubwerk und dem Geäst ihres Wirtes verknüpft war. Die Tschechen wußten zum Beispiel von einer Weidenfee zu berichten, die sich tagsüber in die Welt der Menschen begab, bei Nacht jedoch wieder in ihren anmutigen Baum zurückkehrte. Sie heiratete einen Sterblichen, gebar ihm ein Kind und lebte glücklich mit ihm, bis er eines Tages – ohne zu wissen, was er da tat – ihren Baum fällte. In dem gleichen Moment starb die Fee.

Niemand konnte genau sagen, welcher jener Bäume, die Grenzen markierten, Dorfbrunnen umsäumten oder Kirchhöfe beschatteten, Feen als Unterschlupf diente. Es war jedoch ratsam, sich besonders den Bäumen gegenüber respektvoll zu zeigen, die durch Alter, Krankheit oder Sturm, besonders knorrig oder gekrümmt waren; sie dienten vordringlich Geistern als Unterschlupf.

Auch waren es meist ganz bestimmte Bäume, denen übernatürliche Kräfte nachgesagt wurden. So beherbergten in englischen Wäldchen Eichen, deren Schößlinge aus den Wurzeln gefällter Bäume hervorgegangen waren, zwergenhafte Geschöpfe, die sich Störenfrieden gegenüber recht unfreundlich zeigten. Im Holunderbaum wohnte eine Fee, die in England und Dänemark als Holundermutter bekannt war. Die Fee war außerordentlich besorgt um das Wohlergehen ihres Baumes, so daß umsichtige Dorfbewohner niemals versäumten, um Erlaubnis zu fragen, bevor sie Holunderbeeren pflückten. Beim Roden von Land war es ratsam, Holunderbäume stehenzulassen und beim anschließenden Pflügen lieber den Umweg in Kauf zu nehmen. Denn wer solche Bäume fällte, riskierte mindestens, daß er sein Vieh durch Krankheit verlor. Der Preis konnte freilich noch höher sein, wie eine Familie aus Derbyshire erfuhr.

Der Vater dieser Familie war selbst noch in hohem Alter alljährlich zur Sommersonnenwende hinter seiner Hütte den Hügel hinaufgestiegen, um zu Füßen der drei Holunder-

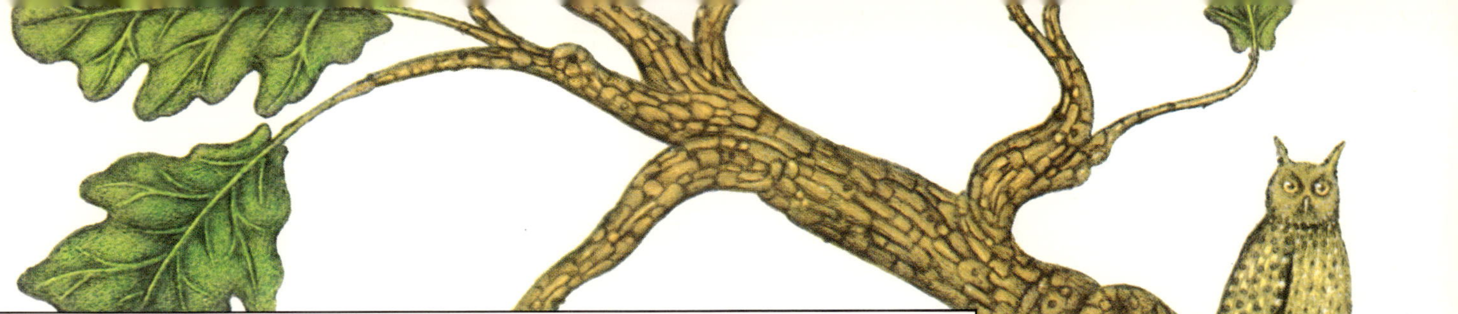

bäume, die dort oben standen, Primeln auszulegen. Auf seinem Sterbebett bat er seine drei Söhne inständig, diesen Brauch fortzuführen. Aber zwei von ihnen waren von anderer Wesensart und weigerten sich, Bäumen zu huldigen. Nur der jüngste pflegte weiterhin diese Sitte seines Vaters.

Seine Ergebenheit ärgerte die älteren Brüder. Schließlich nahm einer von ihnen eine Axt und stieg den Hügel hinauf, um der Narretei ein Ende zu machen. Bei seiner Rückkehr war sein Gesicht aschfahl. Er konnte nicht darüber berichten, was er gefühlt hatte, als sich seine Axt in den Feenbaum grub. Tagelang rang er auf seinem Strohlager mit dem Leben, dann schied er dahin. Inzwischen hatte der zweite Bruder einen weiteren Baum gefällt, und ihn ereilte das gleiche Schicksal. Nur der jüngste Bruder — und ein einsamer Baum — blieben zurück. Zeit seines Lebens zierten alljährlich zur Sommersonnenwende Primeln den Feenbaum.

Die Verbindung derartiger übernatürlicher Kräfte mit der Wildnis der Urzeit kommt noch deutlicher zum Ausdruck in den Geschichten über die von Feen beseelten Bäume des Waldes, die Wanderer zu erzählen wußten. Ihrem Wesen nach waren diese Bäume denen in den Dörfern recht ähnlich, doch verfügten sie über ungemein größere Kräfte, weil die uralten Mächte, von den Menschen unbehelligt, unermüdlich fortleben konnten. Im Wald wachsende Weiden sollen bisweilen knarrend hinter Wanderern hergeschlurft sein und dabei fortwährend Drohungen gemurmelt haben. In den Mooren Somersets kam ein weiblicher Geist, der von den Menschen „Die mit der weißen Hand" genannt wurde und so bleich und hager war wie die Bäume seiner Umgebung, aus dem Birkendickicht geflattert und überfiel junge Wanderer. Streifte die Erscheinung mit ihrer Hand den Kopf eines Jünglings, so übermannte ihn der Wahnsinn, berührte sie seine Brust, so fiel er augenblicklich tot um.

Solche und ähnliche Risiken gingen die Menschen ein, wenn sie sich zu weit von ihren verhältnismäßig sicheren Dörfern entfernten. Doch schon die ganz gewöhnlichen Widrigkeiten des Reisens waren in jenen Tagen ziemlich entmutigend: Ein Fußmarsch in ein anderes Dorf dauerte selbst unter günstigen Voraussetzungen mehrere Stunden bis zu ein paar Tagen. Aber die Voraussetzungen waren in den seltensten Fällen günstig. Meist verhinderten morastige Sümpfe, über die Ufer getretene Flüsse oder dichtes Gestrüpp ein zügiges Vorankommen.

Und selbst wenn die Reise unbeschwerlich und die Jahreszeit geeignet war, konnte das Unheil über einen hereinbrechen. Dorfbewohner, die vergeblich auf die Rückkehr einer der Ihrigen warteten, konnten nur spekulieren: Vielleicht war er vom Weg abgekommen und in ein Moor geraten, vielleicht aber auch im Wald in einen Tümpel gestolpert oder der Gestalt eines lieblichen Waldgeschöpfes gefolgt.

All das und noch mehr konnten die Geister zuwege bringen, die sich vor den Menschen in die Wildnis geflüchtet hatten. Am liebsten bewiesen sie ihre Macht jedoch, indem sie die sterblichen Eindringlinge in die Irre führten. Die verschiedenen Geister gingen dabei natürlich recht unterschiedlich vor. Während die *leschije* ihr Aussehen der jeweiligen Umgebung anpaßten, um Wanderer zu verwirren, zogen die *gwyllion* — meist in der Gestalt alter Frauen — durch das walisische Bergland und hüteten Ziegen. Manchmal nahmen sie auch selbst die Gestalt von Ziegen an. Den Menschen standen die *gwyllion* feindlich gegenüber.

Als einmal ein Waliser, dessen Glaubwürdigkeit nach Meinung seiner Nachbarn keinerlei Zweifel zuließ, des Nachts mühsam

einen Berghang hinaufstieg, nahm er plötzlich in der Dunkelheit die gebeugte Gestalt eines alten Weibes wahr, deren aschfahle Kleider sich kaum von dem Farnkraut zu beiden Seiten des Weges absetzten. Sie schleppte sich langsam den steinigen Pfad hinauf, und er meinte, sie mühelos einholen zu können. Doch obgleich er seinen Schritt beschleunigte, wurde der Abstand zwischen ihnen nicht geringer, und auf seine Zurufe hin drehte sich die Alte auch nicht um. Verwirrt und verärgert eilte der Mann der immer wieder aufs neue entschwindenden Gestalt hinterher. Dabei vergaß er bald den eigentlichen Zweck seiner Wanderung und alles um sich herum und hatte nur noch die düstere Gestalt im Sinn. Erst als der Boden unter seinen Füßen nachgab, merkte er, daß er bei seiner zielstrebigen Verfolgung weit von seinem Weg abgekommen und in ein Moor geraten war. Da ertönte ein uraltes, krächzendes Gelächter aus den Dunstschwaden der Sumpflandschaft, und der Mann wußte, daß er von einem *gwyllion* getäuscht worden war. Er erinnerte sich, daß Feen eine Furcht vor Eisen nachgesagt wurde, und zog sein Messer. Sofort verstummte das Lachen. In der Dunkelheit hoffnungslos verloren, blieb ihm nichts anderes übrig, als in dem gottverlassenen Moor abzuwarten, bis es endlich wieder Tag wurde. Das Thema dieser Geschichte taucht in zahllosen Varianten in den Reiseberichten jener Tage auf. In vielen Fällen läßt sich nicht eindeutig sagen, ob die Wald- und Berggeister ihre Täuschungsmanöver ausheckten, um Sterbliche von ihrem Reich fernzuhalten, oder ob sie es einfach aus Vergnügen taten. Ihre Possenhaftigkeit hatte jedoch bald ein Ende, sowie sich Menschen ihrer

Besitztümer bemächtigten. Selbst zu jener Zeit, als es noch Wild im Überfluß gab, erhoben die Lehnsherren der Menschen Anspruch auf Jagdreservate. Innerhalb dieser abgesteckten Gebiete war jedes Tier dem Jagdvergnügen des Lehnsherren vorbehalten. Wer dennoch dabei erwischt wurde, wenn er in den Wiesen einen Hasen jagte oder in den Bächen einen fetten Hecht fing, mußte mit einer empfindlichen Strafe rechnen. Das gleiche galt für das Revier, das unter der Herrschaft von Feen stand: Ihre Hirsche, Wildschweine, Bären und selbst die kleinsten ihrer bepelzten und gefiederten Bewohner waren das streng gehütete Eigentum eines Feen-Gebieters, über das er nach eigenem Gutdünken verfügen konnte. In Rußland wurde von Reisenden einst ein merkwürdiger Zug von Eichhörnchen gesichtet, der den Waldboden in einen vorwärts kriechenden Pelzteppich verwandelte. Für jene, die den Wald kannten, gab es eine einfache Erklärung: Die *leschije* waren notorische Spieler. Einer von ihnen hatte eine Pechsträhne gehabt und zahlte seinen benachbarten *leschije* mit seinem gesamten Eichhörnchenbestand aus.

Besitz führt zu Kleinlichkeit, wie eine schottische Geschichte über zwei Burschen zeigt, die auf die Jagd gingen und dabei eine Lektion über richtiges Betragen in der Wildnis erhielten. Es war ein kühler Morgen. Der Himmel war eisig blau, es wehte ein leichter Wind, und die Luft war von dem lieblichen Duft des Heidekrauts erfüllt. Die beiden Burschen wollten sich in der Natur vergnügen und von den engen Gassen ihres Heimatstädtchens erholen. Während sie sich durch Ginster und Heidekraut einen Weg bahnten, versetzten sie die dort lebenden Tiere in große Unruhe: Hasen kamen aus ihren Schlupfwinkeln gesprungen, und Fasane stiegen aufgeschreckt in die Luft. Die beiden verschossen einen Pfeil nach dem anderen, aber die meisten verfehlten ihr Ziel. Am Ende ihrer stundenlangen Streifzüge hatten sie dennoch zwei Vögel und drei Hasen erlegt.

Müde von der Pirsch, ließen sich die Jäger in einer Schlucht neben einem Bach im Gras nieder. Während der eine seinen Kopf auf ein Grasbüschel legte, beugte sich der andere vor, um aus dem Bach zu trinken. Plötzlich verdunkelte ein Schatten das glänzende Wasser, und als der Bursche den

Eine Wohnstatt der Geister

Als über den Wäldern Europas noch der Schleier des Zaubers lag, gab es keinen Baum, der so sehr verehrt wurde wie die mächtige Eiche – die Herrscherin des Waldes, wie ein Chronist sie nannte. Im Rauschen ihrer Blätter vernahm man die Stimme der Hamadryaden, der diesen Bäumen innewohnenden Geister. Ihre Gesichter zeichneten sich schemenhaft – wie durch trübes Glas hindurch – in ihrer faltigen Rinde ab. Zahlreiche andere Geister, die in jedem Land unterschiedlich benannt wurden, bewohnten daneben die Zweige, Blätter und Wurzeln der Eiche.

Am leichtesten waren die Baumelfen zu erspähen, kleine, knorrige Männer und anmutige Frauen, die im irritierenden Licht der Sommersonne zum Gesang der Grillen und Frösche über die Äste tanzten. Schwieriger zu entdecken

hingegen waren die Moosweibchen, die in Deutschland vorkamen. Diese wohltätigen Feen, die mit der Heilkraft der Kräuter vertraut waren, verhüllten ihre alten, zerfurchten Gesichter und ihre Körper mit Moos, das sie für die Wurzeln der Bäume webten.

In den Wurzeln deutscher Eichen lebten die kleinen Kobolde — boshafte Elfen, die einen Hausbesitzer so lange plagen konnten, bis dieser ihnen Nahrungsmittel gab, um endlich in Ruhe gelassen zu werden. In Italien waren es die *salvanelli*, die in den Astlöchern der Eichen wohnten. Diese lustigen kleinen Kerlchen trugen zerschlissene rote Anzüge oder Wämser und spielten so manchem Bauern einen Streich, indem sie seine Milch stahlen oder seine Pferde fast zu Tode ritten.

In Schweden behauptete man von den Uhus, die im Zwielicht des Waldes ihre Kreise zogen und sich auf den Ästen der Eichen niederließen, daß sie die gefährlichen, wandlungsfähigen, *skogsra* genannten Waldelfen seien. Und die Briten berichteten, daß wilde Blumen, wie das Himmelsschlüsselchen, der Fingerhut und die Glockenblume, die im Schatten der Eiche wuchsen, winzig kleine Feen — die *pillywiggins* — beherbergten, die wie die Bienen in ihren Blütenkelchen lebten.

Kopf hob, erblickte er eine finstere Gestalt — den „Braunen Mann der Moore".

Es gab keinen Zweifel daran, daß er es war, denn jedes Kind in Schottland kannte die Geschichten über den Herren der Moore, über sein gräßliches Aussehen und sein furchterregendes Wesen. Er war von gedrungener Gestalt, wirre rote Locken bedeckten seinen Kopf, seine Kleider hatten die Farbe von verdorrtem Farnkraut, und seine breiten Füße waren nackt und von Schwielen überzogen. In der Hand hielt er einen Stock, den er wutschnaubend in den Boden stieß.

Er beschimpfte die beiden jungen Burschen, unerlaubt seine Moore betreten und Tiere getötet zu haben, die unter seiner Obhut stünden. Er selbst, erklärte er, gebe sich mit gesammelten Äpfeln, Nüssen und Heidelbeeren zufrieden. Dann sagte er mit honigsüßer Stimme, daß die Moore Geheimnisse in sich bärgen, die nur ihm bekannt seien. Er könne ihnen vieles zeigen, sie bräuchten ihm nur in seine Behausung zu folgen. Der eine Bursche wollte sogleich auf den „Braunen Mann" zugehen, um seine Einladung anzunehmen, aber sein Gefährte packte ihn am Ärmel. „Er wird dich in Stücke reißen, sobald du den Bach überquert hast", warnte er ihn, wohl wissend, daß fließendes Wasser — von jeher ein Schutz vor Feen, die Böses im Sinn hatten — den „Braunen Mann" daran hinderte, sie anzugreifen. Als seine Einladung verschmäht wurde, tobte der Kobold vor Wut. Dann verschwand er.

Doch auch wenn der Bursche der Gefahr zunächst entkommen war, sollte ihn sein ungestümes Wesen letzten Endes ins Verderben führen: Auf dem Heimweg schoß er einen weiteren Hasen. Und noch bevor das Jahr um war, wurde er krank und starb. Niemand zweifelte daran, daß es der „Braune Mann" war, der sich gerächt hatte.

Doch trotz derartiger Gefahren mochten die Menschen die Wildnis nicht gänzlich meiden, denn ihr Wild, ihre Beeren und ihre Pilze waren willkommene Ergänzungen zu der eintönigen Alltagskost der Dorfbewohner, und ihre Bäume lieferten das nötige Holz zum Heizen der Hütten und für das Feuer der Dorfschmieden. In den Sommermonaten trieben die Hirten ihre Herden in den Wald, dessen frische Gräser vorzügliches Futter für das Vieh boten, und im Herbst folgten die Schweinehirten, um ihre Tiere mit Eicheln zu mästen. Und nicht zuletzt zwang der Hunger nach Neuigkeiten die Menschen, Wege durch die Wildnis zurückzulegen, um die Verbindung mit benachbarten Siedlungen aufrechtzuerhalten.

Mit eßbaren Gaben ließen sich die Schirmherren der Wildnis ebenso besänftigen wie durch respektvolles Verhalten. So war beispielsweise ein Wanderer, der das Hoheitsgebiet der *leschije* durchquerte, gut beraten, besser nicht zu pfeifen oder zu schreien. Und um sich den Groll der winzigen Moosweibchen zuzuziehen, die in den deutschen Wäldern mit dem Spinnen der Moose beschäftigt waren, genügte es schon, den Sproß einer Waldpflanze zu beschädigen.

Am besten erging es in der Wildnis bescheidenen und aufrechten Menschen — jenen, die sich beim Betreten der von Geistern beherrschten Gebiete darüber im klaren waren, daß sie nur geduldet wurden. Ihr Verhalten wurde manchmal sogar von den Feen belohnt. Einer von ihnen war ein Holzfäller auf dem Weg durch den Böhmerwald. Es war Sommer und so heiß, daß die hohen Felsen vor Hitze glitzerten. Ganz unverhofft tat sich plötzlich ein blauer Teich vor den Augen des Wanderers auf. Er schien sehr tief, und das Lüftchen, das die Wasseroberfläche kräuselte, brachte angenehme Kühlung.

Die Stille ließ den Holzfäller erzittern. Er begriff, daß dieses Gewässer kein gewöhnli-

Mit einem Stab in der Hand durchwanderte der Berggeist Rübezahl in immer neuen Verkleidungen die deutschen Wälder, um sein Reich zu überwachen. Er gebot über Schnee und Sonnenschein und erschreckte Sterbliche, die seinen Weg kreuzten, mit derben Zauberkünsten.

cher See, sondern ein geheimer Zufluchtsort Rübezahls war — eines Geistes, der in den Bergwäldern Böhmens zu Hause war. Die Beschreibungen von Rübezahls Aussehen stimmen nur selten überein. Es hat den Anschein, daß er in recht unterschiedlicher Gestalt auftrat. Einige Überlieferungen behaupten, er sei in Wahrheit ein riesenhafter Waldgeist gewesen, so durchfurcht wie die Granitfelsen, die er bewohnte. Aber Reisende wollen ihn auch in den Verkleidungen aller möglichen Menschen gesehen haben, die man in den Bergen antreffen kann — als umherziehenden Mönch, als Köhler, Kräutersammler, Jäger und Holzfäller. Rübezahl pflegte sich zunächst in das Vertrauen Reisender einzuschleichen, um sie dann in die Irre zu leiten. Er war auch dafür bekannt, daß er über Zauberkräfte verfügte und Wanderer mit Sinnestäuschungen und unvorhergesehenen Stürmen überraschte.

An jenem heißen Sommernachmittag war an dem wundersamen Teich jedoch niemand zu sehen. Weder brauten sich bedrohliche Stürme zusammen, noch flimmerten Trugbilder hinter dem Nadelvorhang der Bäume. Dennoch bat der Mann Rübezahl um Entschuldigung, bevor er sich am Rand des Teiches niederkniete, um sich an dem klaren Wasser zu laben, und fügte erklärend hinzu, daß er sehr durstig sei. Und nachdem er getrunken und seine Feldflasche gefüllt hatte, sprach er Rübezahl wiederum an und dankte ihm. Dann setzte er seinen Weg fort.

Die sengende Sonne und der staubige Pfad ließen ihn schon bald erneut großen Durst verspüren. Er hakte die Flasche aus seinem Gürtel, zog den Korken heraus und führte sie an seine Lippen. Doch obgleich sie sich voll und schwer anfühlte, erreichte nicht ein Tropfen Wasser seine ausgedörrte Zunge. Verdrossen warf er die Flasche fort. Da wurden seine Augen groß und größer: Inmitten der Scherben funkelten Klumpen von kostbarem Topas, einige davon mit Gold durchsetzt. Rübezahl hatte seine höflichen Worte gehört und ihn reichlich belohnt.

Das gelegentliche Wohlwollen der Herren des Waldes und der Berge konnte die Menschen nicht über die Kluft hinwegtäuschen, die zwischen der unberechenbaren Sphäre der Naturgeister und der beständigeren menschlichen Welt bestand. Die Welt der Feen mit ihren sonderbaren Bewohnern war für Sterbliche letztlich unerreichbar, aber das machte gerade ihren ungeheuren — meist verhängnisvollen — Reiz aus.

Bei den grobschlächtigen Erdgeistern — wie Rübezahl und dem „Braunen Mann" — bestand kaum die Gefahr der Verführung. Sie besaßen zwar erstaunliche Kräfte, aber nicht die Fähigkeit, Sterbliche in ihren Bann zu ziehen. Ein großes Risiko gingen dagegen junge Männer ein, die sich in die Berge Skandinaviens wagten. Dort konnte ihnen die *huldra* begegnen, eine verführerische Waldnymphe in weißem Gewand, deren Schönheit nur durch einen Schwanz gemindert wurde, der in einen Quast auslief, und einen Rücken, der so hohl war wie eine leere Käseform.

Für einen Jüngling, der sich von einer *huldra* in ihren Unterschlupf in den Bergen locken ließ, gab es zunächst noch die Möglichkeit, eines Tages in die Welt der Menschen zurückzukehren. Wurde er jedoch ihr Geliebter, machte er an Leib oder Seele eine unwiderbringliche Wandlung durch. Die Veränderung konnte sich darauf beschränken, daß der Bartwuchs auf seinem Kinn verschwand. Es soll aber auch Unglückliche gegeben haben, die dem Wahnsinn verfielen. Der Zweck war immer derselbe: Der Verführte sollte für alle Zeiten den Menschen entfremdet werden.

Nicht minder gefahrvoll für gemütvolle junge Männer waren die goldblonden *vilen* Südosteuropas. Diese Gebieterinnen des Waldes beherrschten die Sprache der Tiere,

In der Gestalt eines wilden, grauen Pferdes machte der launenhafte, blutrünstige Wassergeist Kelpie die Seen und Flüsse Schottlands auf der Suche nach frischem Kinderblut unsicher.

hüteten Herden von Gemsen und Rotwild und waren von betörender Schönheit. Ihre Körper waren schlank und geschmeidig wie die Stämme junger Fichten, ihre Augen leuchteten wie die Strahlen der Sonne auf den Blättern, und ihre lieblichen Weisen durchdrangen das Rauschen des Laubes. Ein Mann, der eine auch nur flüchtig erblickte, war verloren. Es würde ihn so sehr nach ihr verlangen, daß er schließlich an seiner Sehnsucht zugrunde gehen würde.

Die gefährlichsten unter den Naturfeen waren die Geister der Wasserläufe, Teiche und Seen. Die *wodjanye* Rußlands, die in der

Eine tödliche Verlockung

Gab es je einen Menschen, der dem glühenden Blick einer Wassernymphe widerstehen konnte? In Griechenland lebte einst ein Mann namens Hylas, dem diese Versuchung zum Verhängnis wurde. Er war ein Abenteurer und Seefahrer, dessen Schiff in der blauen Ägäis kreuzte. Eines Tages verließ er seine Gefährten und ging auf der Insel Chios an Land, um sich auf die Suche nach frischem Wasser zu machen. Tief im Wald stieß er auf eine Quelle, in der sich zwischen Schilf und Wasserlilien Nymphen vergnügten. Als sie den schönen jungen Mann erblickten, winkten sie ihn sogleich herbei. Er trat an den Rand der Quelle und kniete nieder, um seinen Krug zu füllen. Dabei sah ihn eine der Jungfrauen mit so leuchtenden Augen an, daß Hylas wie gebannt innehielt und nicht fähig war, sich zu rühren oder auch nur seinen Blick von ihr abzuwenden. Auf seinem Arm spürte er Hände, die trotz ihrer Sanftheit überaus stark waren und von einer tödlichen Kälte. Bevor er etwas sagen konnte, wurde er schon in die von dichtem Seegras bewucherten Tiefen gezogen.

Hylas wurde nie wieder gesehen. Seine Gefährten suchten tagelang die Insel nach ihm ab und riefen vergeblich seinen Namen in jedem Gehölz und jeder Höhle. Schließlich gelangten sie an die Quelle und erhielten eine Antwort, die aus weiter Ferne zu kommen schien. Es war Hylas, der sich ihnen aus dem Wasserreich verzweifelt entgegenstreckte und laut klagte, daß er für immer und ewig verloren sei.

Nähe von Wassermühlen lebten, hatten grüne Haare und aufgedunsene Leiber wie Ertrunkene. Wer sie des Nachts störte, wurde von Wassersucht befallen — einer Krankheit, bei der sich der Körper wie ein Schwamm mit Flüssigkeit vollsaugt. Der skandinavische *neck*, unter dessen roter Kappe lustige Ringellöckchen hervorschauten, saß manchmal auf der glasklaren Wasseroberfläche eines Sees oder Flusses und spielte versonnen auf einer goldenen Harfe. Alljährlich forderte er ein menschliches Opfer, und immer, wenn jemand ertrunken war, hallte sein schriller Schrei „Komm herüber!" am Ufer wider.

In den düsteren Gewässern Schottlands lebte der boshafte *kelpie*, von dem es hieß, daß er bisweilen in Gestalt eines schönen grauen Pferdes steinige Seeufer entlanggaloppierte. Natürlich verbarg sich nicht hinter jedem grauen Pferd ein *kelpie*. Aber ein Landmann, der von einem Hügel aus auf einen See hinunterblickte und ein einsames Pferd gewahrte, atmete doch erleichtert auf, wenn das Tier auf einen Knecht zutrabte, der ihm bekannt war, oder gehorsam den Befehlen eines Reiters folgte. Steuerte es dagegen plötzlich auf den See zu, um gleich darauf schaumspritzend über das bewegte Wasser zu traben, als hätte es festen Boden unter seinen Hufen, dann hatte der Beobachter nichts Dringenderes im Sinn, als schnellen Schrittes nach Hause zu eilen und seine Familie zu warnen.

Wie viele andere Wassergeister war der *kelpie* von betörender Anmut, und nicht selten waren es Kinder, die seinen Verlockungen zum Opfer fielen. Wenn er mit glänzenden Augen und leicht gekräuseltem, samtenem Fell auf eine am Seeufer spielende Kinderschar zutrabte, konnten die wenigsten widerstehen, über den Hals des Tieres zu streichen und sich auf seinen Rücken zu schwingen. Saßen sie erst einmal auf ihm, gab es keine Rettung mehr, denn ihre Gliedmaßen kamen von den Flanken des *kelpie* nicht mehr los. Dann jagte der Unhold mit seiner verängstigten Last auf den tiefen See hinaus, scharrte mit seinen Hufen die Wellen beiseite und ward nicht mehr gesehen.

Wasserfeen konnten ihre sterblichen Opfer auf die unterschiedlichste Weise verführen. Ein norwegischer Wasserfallgeist namens *fossegrim* — ein nicht mehr als dreißig Zentimeter großes, zierliches Geschöpf mit goldenem Haar — sang so lieblich, daß sogar die Bäume zu tanzen begannen. Andere Feen faszinierten durch die geradezu magische Schönheit von fließendem Wasser, wie die folgende Geschichte zeigt:

Immer, wenn in dem Elbstädtchen Magdeburg Markttag war, tauchte im lärmenden Gedränge eine wunderschöne, unbekannte junge Frau auf. Mit sanfter, heiterer Miene huschte sie zwischen den Verkaufsständen hindurch und ließ ihren Blick über Berge von Kohl und Kartoffeln, Käfigen mit gemästetem Geflügel und Kaninchen, Mengen von Geschirr und Eisenwaren schweifen. Ihre Kleider waren so schlicht wie die der Marktfrauen und ihr Ausdruck ebenso zurückhaltend und prüfend. Doch ihr Haar, das wie Sonnenlicht auf dem Wasser funkelte, und ihre Augen von faszinierendem Grün straften ihre scheinbare Schicklichkeit Lügen.

Zudem wußten die Stadtbewohner, die sie im Getümmel aus nächster Nähe gesehen hatten, zu berichten, daß aus ihrer weißen Schürze an einer Stelle unablässig Wasser hinabrieselte. So ging schon bald das Gerücht um, die Unbekannte sei eine Nixe — eine Wasserjungfrau, die es nicht auf die feilgebotenen Waren, sondern auf stattliche junge Männer abgesehen habe —, und die Mütter des Städtchens warnten ihre Söhne, sich der Schönen zu nähern.

Dieser Rat wurde jedoch nicht von allen befolgt. Eines Nachmittags, als die geschwätzigen Marktleute schon ihre Waren zusammenpackten, und die Menschenmenge sich lichtete, folgte ein junger Fischer der Nixe durch die schmalen Gassen Magdeburgs und aus der Stadt hinaus in den Wald. Den Blick unablässig auf ihr güldenes Haar geheftet, das vor ihm in der Ferne glitzerte, lief er ihr durch ein Kiefernwäldchen nach, bis sie schließlich weit oberhalb der Stadt das Ufer der Elbe erreichte. Dort drehte sie sich nach ihm um und lud ihn mit einem strahlenden Lächeln auf den Lippen ein, sie in ihr nasses Reich zu begleiten. Dann schritt sie langsam in den Fluß und verschwand.

Der Fischer brachte an jenem Tag nicht den Mut auf, der Nixe zu folgen. Doch bis

In den entlegenen Gebieten des alten Rußland führte Väterchen Frost, die Verkörperung des Winters, ein strenges Regiment. Seine eisige Umarmung brachte hilflosen Reisenden oftmals den Tod.

zum nächsten Markttag war sein Verlangen so heftig geworden, daß die Beschwörungen seiner Freunde bei ihm auf taube Ohren stießen. Und obgleich sie ihm nachgingen und Warnungen zuriefen, folgte er der Fee das steile Ufer hinab in den Fluß.

Am Ufer standen seine Freunde und starrten gebannt aufs Wasser. Plötzlich schoß genau an der Stelle, wo er in die Fluten getaucht war, eine Blutfontäne in die Höhe. Schon im nächsten Augenblick war nichts mehr zu sehen. Da wußten die entsetzten Beobachter, daß sie ihren Kameraden endgültig verloren hatten.

Die von Geistern beschirmten Felder, Wälder und Heidelandschaften wurden wie die von Feen bewohnten Bäume, Bäche, Seen und Wasserfälle von einem Reich überspannt, das noch geheimnisvoller und launenhafter war — dem Himmel. Auch dort lebten Geister. Sie waren es, die Stürme heraufbeschworen und für den steten Wechsel der Jahreszeiten sorgten.

Freilich waren sie nicht die einzigen, die das Wetter bestimmten. Auch die *leschije*, Rübezahl und andere Waldgeister waren dafür bekannt, Stürme herbeizuzaubern, allerdings nur in begrenztem Umfang. Genaugenommen handelte es sich dabei mehr um theatralische Einlagen, die Wanderer oder Holzfäller verunsichern sollten. Dagegen waren die Geister, die im Herbst die Blätter verfärbten und verwittern ließen, die die winterliche Landschaft mit Schnee überdeckten und den Frühling einleiteten, noch mysteriöser — und entscheidender für den Menschen.

Berichte über diese Wettergeister lassen sich kaum über ihr Wesen aus, sondern beschreiben nur die ihnen eigenen Kräfte. Eine Ausnahme bildet da eine russische Geschichte über den Frost, der auf seinen Streifzügen durch die winterlichen Wälder finger-

Die Königin aus dem Reich des Eises

Die dänische Schneekönigin war schön wie ein Eiskristall, und die Kinder liebten sie sehr. Doch für diejenigen, deren Liebe die Königin erwiderte, war sie äußerst gefährlich. Davon erzählt ein altes dänisches Märchen.

In einer Stadt im Norden Dänemarks saß einst an einem kalten Wintertag ein kleiner Junge in seiner Dachkammer und beobachtete gebannt, wie die Schneeflocken gegen die Scheibe wehten. Eine besonders große Flocke, schön wie Filigran, blieb an der Scheibe haften und nahm den Blick des kleinen Jungen gefangen. Die Flocke glitzerte, breitete sich aus und wuchs über die Scheibe hinaus, bis sie schließlich die Gestalt einer Frau annahm, die in der klaren Winterluft schwebte. Mit strahlendem Lächeln winkte sie dem Jungen durch die Scheibe zu und verschwand dann. Der Junge war wie verzaubert. Hastig stürzte er die Treppe hinunter auf die Straße hinaus. Dort wartete die Schneekönigin in einem weißen Schlitten, der von weißen Pferden gezogen wurde. Sie reichte dem Jungen die Hand. Er kletterte in den Schlitten und nahm zwischen den schneebedeckten Fellen Platz, die darin lagen. Sofort setzte sich der Schlitten in Bewegung, durchquerte die winterlichen Straßen und erhob sich dann in die Lüfte.

Sie flogen über Gräben und Hecken, während der Wind ihnen den Schnee ins Gesicht blies. Da berührte die Königin mit ihren eisigen Lippen die Stirn des kleinen Jungen, und er spürte eine Kälte, die bis in sein Herz drang. Doch die Königin lächelte nur und trieb die Pferde zu schnellerem Gang. Die wilde Fahrt endete schließlich im Winterpalast der Königin, der sich in einer Eisebene in Lappland erhob.

Der Junge wäre für immer im eisigen Palast der Schneekönigin geblieben, wenn er nicht in Dänemark eine kleine Freundin gehabt hätte. Sie liebte ihn sehr und suchte ganz allein in der weiten Welt nach ihm, bis sie ihn schließlich fand. Ihre Abenteuer sind eine Geschichte für sich. An dieser Stelle ist von Bedeutung, daß sie ihren Freund dank ihrer unerschütterlichen Treue rettete und ihn in die wärmende Sonne zurückbrachte. Die Schneekönigin aber blieb allein in ihrem sturmgepeitschten Eispalast zurück. Sie weinte eisige Tränen und hoffte, irgendwann einmal ein anderes Kind zu finden.

schnalzend von Baum zu Baum sprang; sie vermittelt einen Eindruck davon, wie gütig sich jener Geist zeigen konnte.

Einst lebte ein einfaches und tugendhaftes Mädchen zusammen mit ihren beiden Stiefschwestern, ihrer hartherzigen Stiefmutter und ihrem Vater in einer bescheidenen Hütte. Ihr Vater war ein gutmütiger Mann, der sich jedoch stets dem Willen seiner Frau unterordnete. In der Absicht, sich des Mädchens zu entledigen, befahl die Stiefmutter ihrem Mann eines Tages im tiefsten Winter, seine Tochter in den Wald zu fahren und dem Frost zur Braut zu geben.

Das Mädchen war eine gutgläubige Seele. Voller Zuversicht, daß ihre Stiefmutter einen geeigneten Ehemann für sie ausgewählt hatte, zog sie sich am folgenden Morgen ihre schönsten Kleider an, packte einige Kleinigkeiten als Aussteuer zusammen und kletterte in den bereitstehenden Schlitten. Doch als ihr Vater immer tiefer in den Wald hineinfuhr, merkte sie, daß man ihr keinen sterblichen Bräutigam zugedacht hatte.

Unter einer hohen Fichte machten sie halt. Der Vater half dem Mädchen vom Schlitten. „Setze dich hier hin und warte auf deinen Bräutigam", sagte der alte Mann niedergeschlagen zu seiner Tochter.

Dann ließ er das frierende Mädchen allein zurück. Sie hatte keine Möglichkeit, dem tiefen Schnee und der schneidenden Kälte zu entkommen, und schon bald war von ihren verzweifelten Rufen nicht mehr als das Klappern ihrer Zähne zu vernehmen. Da hörte sie auf einmal zwischen den schneebedeckten Bäumen den Frost herannahen. Es krachte im Geäst, als er fingerschnalzend und kichernd behende von Fichte zu Fichte sprang. Im nächsten Augenblick befand er sich in dem Baum, unter dem sie saß.

„Ist dir warm, mein Kind?" fragte er.

„Ja, mir ist warm, durch und durch warm, Väterchen Frost", antwortete sie brav, denn der Frost war ein mächtiger Geist, dem mit Respekt zu begegnen war. Zitternd vor Kälte schlug sie die Arme um ihren Leib.

Aber der Frost beugte sich vom Baum herunter und kam so nahe an sie heran, daß ihr Atem zu Eis gefror. Sie konnte kaum sprechen, als er seine Frage noch einmal wiederholte, und brachte unter Mühen flüsternd eine Antwort zustande. „Mir ist warm, lieber Frost, wirklich warm, mein Väterchen!"

Jetzt berührte der Frost das Mädchen. Sie spürte, wie seine Finger über ihren Körper tanzten, um ihren Hals kreisten und schließlich nach ihrem Herzen griffen. Als er sie ein drittes Mal fragte: „Ist dir warm, meine Schöne?", vermochte sie mit kaum mehr als einem Seufzer seine Frage zu bejahen.

Daraufhin begann das eisige Herz des Frostes zu schmelzen. Und anstatt einer tödlichen Umarmung verspürte das Mädchen plötzlich Wärme und Güte in seiner Nähe. Er hüllte sie liebevoll in Pelze und Decken und hielt sie in den Armen, bis ihr die Augen zufielen. So verging die Nacht, und als ihr Vater am nächsten Tag zurückkehrte, um sie zu beweinen, fand er sie schlafend, in Pelze gehüllt, und neben ihr einen prächtigen Brautschleier und einen Korb voller Geschenke. Er beugte sich zu ihr herunter in den Schnee, weckte sie und traute kaum seinen Augen. Seine Tochter erhob sich freudestrahlend und kletterte sogleich neben ihn auf den Schlitten, um mit ihm nach Hause zu fahren.

Daheim wurden sie empfangen, wie es vorauszusehen war. Im ersten Moment war die Stiefmutter außer sich vor Wut, doch als sie sich die Pelze und Geschenke genauer ansah, wurde sie still. „Wenn der Frost dieses einfache Mädchen so großzügig beschenkt", dachte sie, „womit würde er erst meine beiden schönen Töchter beglücken?" So befahl sie ihnen am nächsten Morgen, den Schlitten zu besteigen, und der Vater fuhr die beiden verwöhnten Mädchen in den Wald.

Während der Schlittenfahrt gerieten die beiden darüber in Streit, welche von ihnen der prächtige Bräutigam wohl bevorzugen würde. Als sie jedoch unter der hohen Fichte saßen und der Frost sich in einem Kälteschwall krachend und schnalzend näherte, begannen sie zu jammern.

„Ist euch warm, ihr beiden Schönen?" fragte der Frost.

Höflichkeit war den beiden fremd. „Fort mit dir!" schrien sie. „Unsere Hände und Füße sind schon fast abgestorben."

Der Frost kam noch näher an sie heran, und Eiskristalle glitzerten in der Luft, als er seine Frage noch einmal wiederholte. Doch ihre Glieder schmerzten vor Kälte, und sie riefen: „Laß uns in Ruhe! Geh uns aus den Augen, du Hauch des Winters!"

Der Frost kannte kein Erbarmen. Als der Vater am nächsten Morgen zurückkam, fand er seine Stieftöchter steifgefroren wie Bretter.

Nur selten nahmen die Wächter über Himmel und Wetter Rücksicht auf die Menschen. Typischer für das unbeugsame Gebaren dieser Geister war die Blaue Hexe, die bei den Gälen auch Cailleac Bheur oder Altes Weib hieß. Sie war im schottischen Hochland die Botin des Winters. Zu Urzeiten, als sich die Welt der Menschen und die Welt der Geister noch nicht auseinanderentwickelt hatten, war sie ein vertrauter Anblick auf den windgepeitschten Hügeln. Ihr Gesicht war den Überlieferungen zufolge blau vor Kälte, ihr Haar so weiß wie bereiftes Espenlaub, und das Tuch, das ihre abgehärmten Schultern bedeckte, hatte die graubraune Farbe der winterlichen Getreidestoppeln. Alljährlich nach Allerheiligen schritt sie durch die Moore und über die Hügel und schlug ihren schweren Stecken auf die Erde, um die Gräser niederzudrücken und den Boden durch Frost zu härten.

Zum Zeichen ihres Sieges über die Mächte des Wachstums entfesselte sie im Winter schwere Stürme und Schneegestöber. Doch im Frühjahr, wenn die Vegetation wieder zu Kräften kam, war ihre Macht erschöpft. Tagtäglich wurde sie schwächer, während der Boden zu neuem Leben erwachte. Und am Vorabend des Ersten Mai gab sie sich geschlagen: In einem letzten Wutausbruch schleuderte sie ihren Stecken unter eine Stechpalme — wo bis zum heutigen Tag kein Gras mehr wächst — und erstarrte und schrumpfte zu einem einsamen grauen Stein zusammen, um den Sommer zu überdauern.

Später, als hier und dort Dörfer entstanden, war die Cailleac immer seltener anzutreffen. Während die Menschen die Wildnis durch Hecken, Wälle und klar abgegrenzte Felder bändigten und ihre ganze Aufmerksamkeit auf die alltägliche Kleinarbeit richteten, sahen sie von der Cailleac nur noch die Folgen ihres Treibens: im Boden, der einmal locker und fruchtbar und dann wieder steinhart und gefroren war, und in der Landschaft, die durch den Schnee des Winters ein neues Gesicht erhielt. Sie waren Beweis für die unverminderte Macht der Cailleac.

Und auch noch später, als die Dörfer zu Städten angewachsen und aus den schlammigen Waldwegen breite Straßen geworden waren, als mancherorts dort, wo zuvor Waldesruhe geherrscht hatte, die schrillen Geräusche einer Werkstatt oder einer Fabrik ertönten, blieb der Himmel so wild wie eh und je, und die Jahreszeiten kamen und gingen weiterhin in stetem Wechsel. In allen möglichen Erscheinungsformen setzten die Cailleac und ihresgleichen ihr Treiben fort — wirkungsvoll, aber ungesehen. Doch die Mächte des Wetters und des Himmels waren eine Ausnahme. Die Natur im Umkreis des Menschen wurde zunehmend zurückgedrängt, und mit ihrem Rückzug schwand auch der Einfluß ihrer geisterhaften Bewohner.

Von den Stürmen des Winters über die Berge getragen und von Reihern gefolgt, die ihre besonderen Schützlinge waren, ließ die Cailleac Bheur von Schottland, wo immer sie mit ihrem todbringenden Stab die Erde berührte, nur verwüstete Felder und gefrorenen Boden zurück.

Die Schöne aus dem Myrtenbaum

Zu einer Zeit, da man im Geäst der Bäume noch das Wispern von Feen hören konnte, galt der im Mittelmeerraum üppig gedeihende Myrtenbaum als Domizil einer überaus liebreizenden Feenart — vielleicht deshalb, weil die Myrte der Göttin der Liebe geweiht war: Venus, so schrieb ein früher Dichter, sei stets „im Schatten des Myrtenbaumes" zu finden gewesen. Über eine dieser Myrtenfeen wird in Italien folgende Geschichte erzählt:

Ein Prinz fand einst so großen Gefallen an den glänzenden Blättern und dem herrlichen Duft eines Myrtenbaumes, daß er ihn in einen Kübel pflanzen und auf den Balkon seines Schlafgemaches stellen ließ. In derselben Nacht — und in den darauffolgenden sechs Nächten — vernahm er zunächst leichtfüßige Schritte und spürte gleich darauf in der Dunkelheit Liebkosungen so sanft wie Eiderdaunen. Dann schlüpfte eine herrlich duftende Gestalt unter seine Bettdecke, und die ganze Nacht hindurch vergnügten sie sich mit zärtlichen Spielen.

Doch da die Unbekannte stets beim leisesten Schimmer der Morgendämmerung entschwand, bekam der Prinz sie nie zu Gesicht. Als sie sich wieder einmal in den frühen Morgenstunden aus seinen Armen löste und entfliehen wollte, hielt er sie an einer Locke ihres Haares, die er um sein Handgelenk ge-

wickelt hatte, zurück und rief seinen Kammerdiener, er möge Licht machen. Im Schein der Kerzen erblickte er seine zierliche Gefangene — es war die Myrtenfee, die so golden strahlte wie der Glanz des Kerzenlichtes und so rosig aussah wie die Blüten ihres Baumes. Durch die geheimnisvolle Kraft der Liebe, die sie vom ersten Augenblick an für den Prinzen empfunden hatte, waren ihre Blätter und Zweige zu Fleisch und Blut geworden.

Der Anblick der Myrtenfee verzauberte den Königssohn, und die folgenden Tage des Glücks verlebte das Paar zurückgezogen in dem Schlafgemach. Von Tag zu Tag wurde die Liebe des Prinzen zu seiner schönen Geliebten stärker, bis sie schließlich ebenso glühend war wie seine Leidenschaft. Und so beschloß er, die Myrtenfee zu seiner Gemahlin zu machen.

Es begab sich aber, daß er die Fee für eine Weile verlassen mußte, um ein Wildschwein zu jagen, das in der Umgebung seines Palastes sein Unwesen trieb. Damit ihr während seiner Abwesenheit nichts zustoßen konnte, erachtete er es für das Beste, sie in Sicherheit zu bringen. Denn der Prinz war ein junger Mann von blühendem Aussehen, der vordem ein recht unbekümmertes Leben geführt hatte, und um die verschiedenen Paläste seines Hofes herum lebten etliche seiner einstmaligen Mätressen. Sie, so fürchtete er, waren womöglich boshaft und rachsüchtig geworden, weil er sie vernachlässigt hatte.

Daher bat er die Fee, in ihren Baum zurückzukehren und dort zu bleiben, solange er fort war. Sie willigte sogleich ein, denn sie war ein sanftes und gehorsames Geschöpf. Ihre einzige Bitte an den Prinzen war, eine goldene Glocke an einen der Zweige zu binden, so daß er sie bei seiner Rückkehr erlösen könne. Er brauche nur an einem Seidenband zu ziehen, mit dem die Glocke am Baum befestigt sei, und schon beim ersten Läuten werde sie in seine Arme gleiten.

Dann schlüpfte die Fee leise seufzend in ihren Baum. Einen Moment lang blickte sie den Prinzen an, aber schon im nächsten war nichts mehr von ihr zu sehen; nur die glänzenden Myrtenblätter zitterten noch ein wenig. Der Prinz band die Glocke an einen Zweig und wies seinen Kammerdiener an, gewissenhaft für den anmutigen Baum zu sorgen.

Die Tage vergingen, und der Prinz war noch immer auf der Jagd. Im Schlafgemach der Liebenden herrschte Stille und Leere. Nur der Wind blähte die Vorhänge des Bettes auf und spielte in den Blättern des Myrtenbaumes, der sicher in seinem Kübel auf dem Balkon stand. Jeden Nachmittag kam der Kammerdiener, um den Baum zu wässern, aber ansonsten blieb die Fee ungestört.

Eines Morgens öffnete sich jedoch ganz unerwartet die Tür, und sieben junge Frauen kamen flüsternd und tuschelnd hereingeschlichen. Es waren die einstigen Mätressen des Prinzen auf der Suche nach

ihrer Rivalin, die noch keine von ihnen gesehen hatte. Sie durchsuchten jeden Winkel des Zimmers, konnten aber nichts finden.

Schließlich traten sie auf den Balkon, um sich zu beratschlagen. Während sie miteinander sprachen, begann erst die eine, dann die nächste gelangweilt die glänzenden Blätter des Myrtenbaumes abzustreifen. Dabei zog eine von ihnen plötzlich an dem Seidenband und brachte die Glocke zum Läuten. Die Rinde des Baumes bebte, und herabgestiegen kam die Fee.

Sogleich fielen die eifersüchtigen Frauen über sie her. Messer blitzten, Blut spritzte, und es dauerte nicht lange, da war von der Myrtenfee nicht mehr übrig als verstreute Knochensplitter, zerpflückte Blätter und zahllose kleine Borkenstückchen. Nur die jüngste der sieben Mätressen hatte sich zurückgehalten: Einzig eine Locke aus dem goldenen Haar der Myrtenfee hatte sie ergriffen.

Nun schlichen die Frauen zurück in ihre Zimmer, und niemand im Palast hatte etwas bemerkt.

Am Nachmittag kam der Kammerdiener des Prinzen, um den Myrtenbaum zu wässern. Entsetzen ergriff ihn, als er beim Betreten des Zimmers die Spuren des Gemetzels erblickte. Er überlegte einige Minuten, was er tun sollte. Dann sammelte er mit zitternden Fingern die Überreste von Knochen, Blättern und Borke zusammen und stopfte sie in den Kübel auf dem Balkon. Anschließend ergriff er aus Angst vor dem Zorn des Prinzen, der ihn womöglich zur Rechenschaft ziehen würde, die Flucht.

Aufgemuntert von der Jagd und voller Verlangen nach seiner geliebten Fee, betrat der Prinz am folgenden Tag sein Schlafgemach. Aber welch ein Anblick erwartete ihn dort! Auf dem Balkon stand der Kübel des Myrtenbaumes, und darin waren nichts als Knochenstückchen, zerbrochene Zweige und braune

Blätter des Feenbaumes. Er rief nach seiner Geliebten, erhielt aber keine Antwort. Das Blut gefror ihm in den Adern, und er begann zu weinen.

Wochenlang verließ der Prinz sein Schlafgemach nicht mehr und gab sich ganz seiner Trauer hin. Doch während er so um seine Geliebte, trauerte, geschah auf dem Balkon vor seinem Zimmer etwas Sonderbares.

Die Reste der Blätter und der Borke des Myrtenbaumes wurden von sanftem Regen abgespült und von der Sonne erwärmt, und im Laufe der Zeit begann die Pflanze zu wachsen. Zuerst zeigten sich hellgrüne Triebe, dann zarte und schließlich kräftigere Zweige. Zu guter Letzt stand der Myrtenbaum eines Morgens in voller Blüte wie ehedem da, und heraus trat die Fee, wieder in ihrer ursprünglichen Gestalt und in güldenem Glanz.

Die Liebenden herzten und liebkosten sich, und die Fee erzählte dem Prinzen, was sich zugetragen hatte. Er beschloß, seine Geliebte umgehend zu heiraten, und überlegte, wie er die Tat rächen könne. Die Hochzeit wurde im Festsaal des Palastes mit einem großartigen Bankett gefeiert, zu dem der gesamte Hofstaat geladen war. Nach dem Festmal stellte der Prinz den Anwesenden eine Frage. Welche Strafe, wollte er von ihnen wissen, solle demjenigen auferlegt werden, der seiner geliebten Prinzessin ein Leid zufüge? An den Galgen, rief einer der Höflinge. An das Rad, sagte ein anderer.

Als die Mätressen an der Reihe waren, ihr Urteil abzugeben, erklärten sie wie aus einem Munde: Solch ein Mensch gehöre in den Kerker, wo er bis an sein Lebensende schmachten müsse.

„Wie ihr geraten habt", sprach der Prinz, „so soll es geschehen." Und er ließ die Frauen in den Kerker werfen. Nur die jüngste, die einzig eine Locke von dem Haar der Fee genommen hatte, verschonte er.

Kapitel Drei

Grenzgänger zwischen den Welten

In fernen Tagen, als Städte und Straßen noch nicht erbaut waren und die Festungen der irischen Stammesfürsten sich noch neben den Feenhügeln der Tuatha Dé Danann erhoben, trug es sich zu, daß eine junge Frau dem Kreis ihrer Verwandten entrissen und in den unterirdischen Palast eines Elfenkönigs entführt wurde.

Ethna, so lautete der Name der jungen Sterblichen, galt als die Blume Irlands. Mit rotgoldenem Haar und lilienhaft schön, war sie von einem jungen Lord aus Connacht zur Braut erwählt worden. Er war von ihrer Schönheit so sehr entzückt, daß er die Hochzeitsfeier viele Wochen dauern ließ. Am Tag durchstreiften Jagdgesellschaften die Wiesen und Wälder, in der Nacht wurden im hellen Schein der Fackeln die Kelche bis zum Rand mit funkelndem Wein gefüllt, und Musikanten spielten auf ihren Harfen muntere Weisen. Inmitten ihrer Gäste, in ein seidenes Hochzeitskleid gehüllt, das sie wie eine Wolke umgab, tanzte die junge Braut beschwingt und ausgelassen. So ging es viele Tage, bis eines Nachts ihre Hand der ihres Tanzpartners entglitt und Ethna auf die Steinfliesen stürzte. Die Harfen verstummten. Die höfische Gesellschaft trat schweigend zurück, so daß der junge Lord neben seiner Braut niederknien konnte. Er rief ihren Namen, doch sie antwortete nicht. Der rosige Schimmer war von ihren Wangen gewichen, ihr Atem ging schwach wie der eines kleinen Vogels, und ihre Augen blieben geschlossen. So trug man sie in ihr Gemach, wo ihr Gatte die ganze Nacht an der Seite ihres Lager wachte.

Als am nächsten Morgen die Sonne auf ihr Laken fiel, öffnete Ethna die noch schweren Augenlider und begann zu sprechen. Doch ihr Gemahl verstand nur wenig von dem, was sie sagte. Und was er verstand, beunruhigte ihn zutiefst. Mit einer Stimme, die von weit herzukommen schien, berichtete die junge Braut, daß sie während ihres Schlafes von dem Palast eines mächtigen Königs geträumt habe. Niemals gelangte die Sonne an jenen Ort, aber die Hallen des Palastes erstrahlten in ihrem eigenen Glanz, und die Musik, die dort erklang, vertrieb jegliche Trübsal. Ethna verspürte nur einen Wunsch – wieder einzuschlafen und noch einmal von jener Welt zu träumen. Und sogleich übermannte sie von neuem der Schlaf.

Bleich und still wie eine der Marmorfiguren, die die Gräber zierten, schlief Ethna den ganzen Tag. Niemandem gelang es, sie zu wecken. Als die Schatten länger wurden und die Nacht hereinbrach, sandte man die schon hochbetagte Amme in Ethnas Gemach, um den jungen Bräutigam bei der Wache abzulösen, damit dieser sich ausruhen konnte. Doch die alte Frau nickte ein und erwachte erst in den frühen Morgenstunden wieder. Sie fröstelte, im Zimmer war es kühl und still. Und da hörte man auch schon das Wehklagen der Frau durch die Gänge des Palastes hallen. Weiß und leer, vom Mondlicht beschienen, wurde Ethnas Bett gefunden.

Die Zeit bis zum Morgengrauen wurde in banger, zorniger Beratung verbracht, dann machte der junge Bräutigam sich mit einer Gruppe von Gefolgsleuten zu dem Hügel von Knockma auf. In schnellem Galopp strebte er diesem Ort entgegen, wo unter einer grasbewachsenen Erdschicht der unterirdische Palast Finvarras, des Königs der Tuatha in Connacht, lag. Wenn überhaupt, dann konnte nur der Elfenkönig, langjähriger Freund und Berater des jungen Lord, die vermißte Braut ausfindig machen.

Die grüne Oberfläche des Hügels von Knockma verriet nichts von der unterirdischen Pracht, in der Finvarra lebte. Als die Reiter den Wald durchquert hatten, der die Erhebung umgab, erfüllte tausendfaches Zwitschern die Luft. Es klang, als wenn ein Schwarm Finken sich auf den Bäumen niedergelassen hätte. Die Reiter hielten inne, sie schienen deutlich eine Stimme zu vernehmen. Langsam begann der Lord, die Worte zu verstehen. Sein Blick verfinsterte sich, denn Finvarra hatte sein Vertrauen mißbraucht. Die Feen — ihre Stimmen waren es, die wie Zwitschern in der Luft klangen — berichteten von der großen Freude, die der Elfenkönig an seiner neuen Geliebten, der Lilie von Irland, fand. Er hatte sie entführt und zu seiner Leibeigenen gemacht.

In barschem Ton gab der Lord seine Befehle. Die Boten rissen ihre Pferde herum und galoppierten davon, um seinen Auftrag schnellstens zu erfüllen. Es dauerte nicht lange, und ein Trupp Bauern mit Sensen und Spaten auf den Schultern trat aus dem Wald. Sie machten sich daran, einen Schacht zum versteckten Reich des Feenkönigs zu graben, um die gefangene Sterbliche zu befreien — denn so lautete der Befehl. Die Bauern gruben den ganzen Tag, während der Bräutigam ihnen vom Pferd aus zusah, und als die Nacht hereinbrach, war eine große, dunkle Vertiefung an einer Seite des grasbewachsenen Hügels schließlich ausgehoben.

Am nächsten Morgen jedoch bot sich ihnen ein entmutigender Anblick. Das Loch, das sie gegraben hatten, war verschwunden, und eine frische Grasnarbe überzog die Stelle, an der sie gestern noch gearbeitet hatten. Unsichtbar und leise hatte Finvarra seine Macht ausgeübt. Drei Tage lang gruben die Bauern vergeblich. Der Elfenkönig machte Nacht für Nacht ihre Anstrengungen zunichte. Die Bauern wurden mißmutig, und der junge Lord grämte sich sehr. Da vernahm er wieder die unsichtbaren Stimmen. „Streut Salz auf die gebrochene Erde", flüsterten sie ihm zu, „und das Werk der Sterblichen bleibt unangetastet."

Salz galt als Mittel, mit dem die Macht der Feen gebrochen werden konnte. Da es in jener Zeit sehr spärlich vorhanden war, sandte der Lord seine Reiter in die entferntesten Winkel von Connacht, um das kostbare Mineral — gleichgültig zu welchem Preis — zu beschaffen. Wieder gruben die Bauern einen Tag lang und warteten die Nacht über. Und tatsächlich, das Salz hatte die erhoffte Wirkung getan. Die große Vertiefung vom Vortag war unverändert, und die weiße Salzschicht lag unberührt auf der aufgebrochenen Erde.

Nun setzten die Bauern ihre Arbeit bereitwillig fort, und schon am Nachmittag durchzog eine tiefe Furche den Feenhügel. Während sie gruben, drangen durch die trennende Erdschicht Stimmen und Zeichen spürbarer Aufregung zu den Bauern herüber. Die Stimmen klangen nicht mehr fröhlich, sondern schrill und angsterfüllt, denn — so war ihnen zu entnehmen — würde Tageslicht ins Reich der Feen vordringen, würden ihre Bauten in sich zusammenfallen. Schließlich ertönte gebieterisch die Stimme des Feenkönigs: „Sterbliche Männer, haltet ein! Legt eure Spaten nieder, dann wird bei Sonnenuntergang die Braut wieder bei ihrem Bräutigam sein."

So geschah es. In der Abenddämmerung begab sich der Lord an das obere Ende des Grabens und erwartete dort, den Blick auf den Wald gerichtet, seine junge Braut. Bald schon gewahrte er leise Tritte hinter sich, und als er sich umwandte, erblickte er Ethna, ernst und liebreizend, in dasselbe zarte Kleid gehüllt, das sie zu ihrer Hochzeit getragen hatte. Nur der feingestickte Gürtel um ihre schmale Taille war neu.

Die Freude des Lords währte nicht lange, denn bald bemerkte er, daß Ethnas Geistesabwesenheit anhielt. Teilnahmslos saß sie in ihrem Gemach oder huschte wie ein Geist durch die hallenden Flure. Es vergingen Wochen und Monate, der Winter zog ins Land, doch Ethna sprach kein einziges Wort. Auch schien sie diejenigen, denen sie einst Liebe und Zuneigung entgegengebracht hatte, nicht wahrzunehmen. Die Höflinge tuschelten untereinander, daß die Braut Feennahrung zu sich genommen und daher ihre Seele verloren habe. Der Lord grämte sich sehr über das Schicksal seiner jungen Frau und zog sich mehr und mehr von allen Freunden und Verwandten zurück.

Es war ein volles Jahr seit der Rückkehr Ethnas aus dem Feenreich vergangen, als der junge Lord eines Tages allein ausritt. Wieder hörte er die Feenstimmen. Ein leises Flöten erfüllte die Luft, das allmählich anschwoll, bis ein Gespräch zu vernehmen war. Eine Stimme sagte, daß Ethnas Geist noch bei den Feen weile, und eine zweite fügte hinzu, daß der

Eine liebreizende Verführerin

Als Berühmtheit unter den Feen galt Morgan le Fay. Sie war schön, klug und sterblichen Männern in Leidenschaft zugetan. Zahlreiche Sagen ranken sich um ihre Gestalt, und die meisten stimmen darin überein, daß sie Herrscherin der verzauberten Apfelinsel Avalon war.

Einst wurde dem König von Dänemark ein gesunder Knabe geboren. Sechs Feen — sämtlich Schwestern — waren bei seiner Taufe anwesend; eine von ihnen war Morgan. Jede machte dem Knaben ein Geschenk. Die erste wünschte ihm Tapferkeit, die zweite, daß er seinen Mut entfalten möge, die dritte Unbesiegbarkeit, die vierte die Gabe zu gefallen und die fünfte ein liebenswertes Wesen. Morgan, die sechste und jüngste Fee, war von dem kleinen Knaben derartig entzückt, daß sie ihm sich selbst schenkte. Sie sagte, daß er zu gegebener Zeit zu ihr auf die Insel kommen würde, um für immer als ihr Geliebter dort zu bleiben.

Als der Knabe zum Mann herangewachsen war, wurde er Ritter in Frankreich. Seine Herkunft hatte ihm den Namen Ogier der Däne eingebracht. Während seines langen Lebens tat er sich durch Tapferkeit und Wagemut hervor. Als er schließlich sehr alt geworden war, wartete Morgan nicht mehr länger, sondern nahm das Schicksal selbst in die Hand. Sie ließ das Schiff, auf dem Ogier segelte, in der Nähe von Avalon untergehen. Er überlebte den Schiffbruch und gelangte zu der Insel, wo er Morgan antraf, die — schön wie die Morgenröte — in einem Obstgarten saß. Sie steckte einen Ring auf seinen Finger, und die Jahre fielen von ihm ab: Sein gebeugter Rücken straffte sich, seine alten Augen wurden wieder klar, und vor Morgan stand der junge Mann, den sie begehrte. Zufrieden lächelnd setzte sie eine Krone auf sein Haupt, die jede Erinnerung an sein sterbliches Leben auslöschte.

So wurde Ogier der Geliebte von Morgan le Fay. Er lebte jahrhundertelang auf Avalon, und nach allem, was bekannt ist, lebt er noch immer dort — ein Gefangener der Liebe einer Fee.

Die Bestrafung eines habgierigen Eindringlings

Wenn im Westen Englands von Begegnungen mit Feen die Rede war, erinnerte man sich gern an das Abenteuer eines alten Geizhalses, der das Gold inniger liebte als der Trunkenbold den Wein.

Wie jeder in der kornischen Stadt St. Just wußte der Geizhals, daß die Feen, die in der Umgebung lebten, unvorstellbare Reichtümer besaßen. Ebenso war bekannt, daß man diese zu Gesicht bekommen konnte, wenn die Feen zum Herbstanfang im Licht des Vollmondes ihre mitternächtlichen Feste feierten. So machte sich der Geizhals — obwohl er wußte, daß das Unternehmen gefährlich war — beim nächsten Herbstmond auf den Weg zum Feenhügel. Dort versteckte er sich und wartete ab.

Die Nacht war so klar, daß der alte Mann die Dornen an den Zweigen eines Ginsterbusches auf dem Hügel deutlich erkennen konnte. Als er ge-

gestickte Gürtel ihre Seele gefangen halte. Der junge Lord sollte den Gürtel von Ethnas Taille nehmen und ihn verbrennen, die Nadel, die den Gürtel zierte, entfernen und begraben, dann würde die sterbliche Braut sich wieder ihresgleichen zuwenden.

Unverzüglich eilte der Lord zurück. Er ging zu Ethna in ihr Gemach, kniete sich neben sie und versuchte fieberhaft, ihren Gürtel zu öffnen. Die Feen hatten ihn geschickt verknotet. Doch schließlich gelang es dem Bräutigam, den Gürtel zu entfernen und die mit Juwelen besetzte Anstecknadel an sich zu nehmen. Ethna sah dem Geschehen teilnahmslos zu. Der Lord verbrannte den Gürtel im Kamin, kehrte die Asche zusammen und verstreute sie außerhalb der Schloßmauern, dann vergrub er die Nadel.

Kaum hatte er den letzten Spatenstich getan, vernahm er Lachen und eilige Schritte im Schloß. Da wußte er, daß der Zauber gebrochen war. Erwartungsvoll betrat er die Halle. Dort trat Ethna ihm mit glühenden Wangen und leuchtenden Augen entgegen. Sie erzählte von einem wunderbaren Traum, den sie gehabt habe, denn für sie hatte der Aufenthalt bei den Feen nicht länger als eine Nacht gedauert. Ihr Gemahl aber lächelte und schwieg. Er gab ein Festmahl mit Wein und Musik, und die Hochzeitsfeierlichkeiten begannen von neuem. Es war, als hätte es das Jahr voll Kummer und Leid nie gegeben.

Da solche Begebenheiten von Generation zu Generation weitererzählt wurden, gingen im Laufe der Zeit einige Einzelheiten verloren: So sind der Name des jungen Lords und auch das Jahr von Ethnas Entführung nicht mehr bekannt. Doch wo immer die Geschichte, auch Jahrhunderte später noch, erzählt wurde — ob am qualmenden Torffeuer in armen Bauernhütten oder beim Schein heller Kaminfeuer in adligen Hallen —, überall rief sie bei den Zuhörern ein anerkennendes Kopfnicken hervor. Denn die Menschen jener Zeit waren bestens mit den Gefahren wie auch den Verlockungen vertraut, die vom Land der Feen ausgingen.

Zu jener Zeit war das Leben der hart arbeitenden Landbevölkerung wie auch das der adligen Müßiggänger von fest umrissenen Gebräuchen bestimmt, während die Welt ansonsten viel ungenauer definiert und fließender war als in späterer Zeit. Das Jahr bestand in der Aufeinanderfolge der Jahreszeiten, im täglichen Zyklus der Religionsausübung und im jährlichen Zyklus der kirchlichen Feste.

An der formalen Einteilung der Zeit zeigte sich diese Uneinheitlichkeit des Zeitalters am deutlichsten. So hatte ein Jahr zum Beispiel nicht unbedingt 365 Tage. In einigen Ländern begann das Jahr zu Ostern. Ostern ist ein bewegliches Fest, das jedes Jahr auf einen anderen Sonntag zwischen dem 22. März und dem 25. April fällt; das genaue Datum richtet sich nach dem Stand des Vollmondes und dem Frühjahrsäquinoktium. In diesen Ländern konnte das Jahr also elf, zwölf oder dreizehn Monate haben. In anderen Ländern fing das Jahr damals am 1. März an, oder es begann an Mariae Verkündigung (25. März) oder am 25. Dezember.

Die Stunden eines Tages waren ähnlich variabel. Formal unterteilte ein Tag sich in zwölf Tages- und zwölf Nachtstunden. Diese wiederum wurden in Perioden von drei Stunden unterteilt. Die erste Tagesstunde, die Morgendämmerung, wurde als Prim bezeichnet. Die nächste näher gekennzeichnete Stunde war die dritte, der Terz. Die Sext war die sechste Stunde und die Non die neunte. Die letzte Stunde, die Vesper (vom lateinischen Wort für Abend abgeleitet), war zugleich auch die erste Nachtstunde. Die Einteilung der Zeit wurde von der Kirche vorgenommen und jedermann durch Glokkenschlag kundgetan, denn Uhren gab es damals noch nicht. Allerdings änderte sich die Länge einer Stunde täglich. Nur am Äquinoktium im Frühjahr und im Herbst sind Tag und Nacht gleich lang. Zur Wintersonnenwende beispielsweise war es vielleicht nur sechs Stunden lang hell, aber trotzdem wurde diese Zeitspanne in zwölf Stunden unterteilt, von denen jede dreißig Minuten dauerte. Sogar die Festsetzungen für die Stunden änderten sich: Zum Beispiel war es den englischen Mönchen erst in der neunten Stunde, der Non, gestattet, ihre erste Mahlzeit zu sich zu nehmen — im Sommer bedeutete das um drei Uhr nachmittags. Der Hunger veranlaßte die Mönche, die neunte Stunde auf den Mittag vorzuverlegen (daher das englische Wort „noon" für Mittag).

Zur ungenauen Bestimmung der Zeit kam eine Unbeständigkeit der Lebensumstände, denn der wohlgeordnete Ablauf eines Kirchenjahres stand im Gegensatz zu Chaos und Gewalt, die die friedliche Oberfläche menschlicher Existenz angriffen. Hagelstürme vernichteten die Ernten, so daß ganze Völker zum Hungern verurteilt waren. Unter geringfügigem Vorwand wurden Kriege angezettelt, die die Länder verwüsteten. Zudem wurde die Bevölkerung häufig von Seuchen heimgesucht.

Angesichts der kaum verhohlenen Unordnung auf der Welt war es nicht weiter verwunderlich, daß das unbändige Reich der Feen weiterhin solche Macht auszuüben vermochte, was die Menschen mit Bedacht nahmen. In seinen Königreichen und höfischen Vergnügungen spiegelte das Feenreich die menschliche Welt wider, doch der Zeitbegriff war bei den Feen noch vager als bei den Menschen. Eine Stunde in ihrem Reich konnte — nach menschlichen Begriffen — ein Jahr dauern. Veränderung im Sinne von Wachstum, Fruchtbarkeit und Tod war dort so gut wie unbekannt: Das Reich der Feen hielt sich abseits vom Kampf und den Nöten menschlicher Existenz. Dennoch fühlten sich seine Bewohner von den Menschen angezogen. So kam es immer wieder vor, daß die Feen in die Welt der Sterblichen eindrangen und dabei unweigerlich das fragile menschliche Ordnungsgefüge erschütterten.

Ihre Listen und Zauberformeln bewirkten, daß in Zweifel gezogen wurde, was bis dahin noch als unumstößliche Gewißheit gegolten hatte. Ein Wanderer, der auf seinem Weg durch ein Hochlandmoor kurz innehielt, um dem verführerischen Gesang eines Vogels zu lauschen, stellte bei seiner Heimkehr unter Umständen fest, daß inzwischen

nauer hinsah, bemerkte er, daß sie zu tanzen und zu zittern anfingen. Vor seinen erstaunten Augen tat sich im Hügel ein Spalt auf, und eine Gruppe kleiner Musikanten marschierte heraus, die eine fröhliche Melodie spielten. Dahinter tauchte eine leuchtende Prozession kleiner, vornehmer Herren und Damen auf; Diener trugen Tische, auf denen mit Gold gefüllte Gefäße standen. In der Brust des Geizhalses führten Furcht und Habsucht einen kurzen Kampf, doch die Habsucht siegte.

Auf Händen und Knien kroch er näher zu dem Bankett hin. Er bemerkte die Wächter kaum — knorrige, kleine Wichte, die seine Beine umklammerten. Sie schlangen faserige Seile um seine Gliedmaßen, die zunächst noch locker herabhingen. Doch als er seinen Hut hob, um ihn über einen der mit Gold beladenen Tische zu stülpen, spürte er ein Zerren an seinen Beinen. Im nächsten Augenblick fand er sich rücklings zu Boden gedrückt und von einem Netz aus Fäden festgehalten. Die ganze Nacht lag der Geizhals so auf dem Boden, während die Feen ihn zwickten und ihm tausend Nadelstiche versetzten.

In den frühen Morgenstunden verschwanden die Feen, so daß der Geizhals sich befreien konnte. Zu Hause verlor er kein Wort über das, was sich in der vergangenen Nacht zugetragen hatte. Doch einigen Dorfbewohnern kamen die Ereignisse trotzdem zu Ohren, und es dauerte nicht lange, bis jeder davon wußte.

Jahrhunderte vergangen waren. Oder eine Bauersfrau, die das Gewicht eines für den Markt bestimmten Käse prüfte, machte die Erfahrung, daß er über Nacht so leicht wie ein Bündel Federn geworden war.

Es gab in jenen Tagen noch andere, weitaus schockierendere Ereignisse, die die natürliche Ordnung auf den Kopf stellten: Menschen verschwanden auf unerklärliche Weise oder wurden von Anfällen heimgesucht, bei denen ihr Körper zwar unversehrt blieb, ihr Geist sich jedoch zerstreute; apfelbäckige, vor Gesundheit strotzende Babys verwandelten sich über Nacht in magere, schrumpelige Wichte, in deren Augen ein fiebrig-wissendes Licht funkelte. Bei all diesen Angriffen auf das menschliche Lebensgefüge war der Einfluß der Feen unübersehbar.

Die Sterblichen waren dieser unheimlichen Gefahr aber nicht gänzlich hilflos ausgeliefert. Gegen Entführungen, eine von den Feen häufig begangene Missetat, konnte umsichtiges Verhalten ein gewisses Maß an Schutz bieten. So war es beispielsweise nicht ratsam, in einen Kreis am Boden zu treten, der von Pilzen oder umgebogenen Grashalmen gebildet wurde. Bei diesen Kreisen handelte es sich um sogenannte Feenringe, die die Grenze zur anderen Welt darstellten. Ebenso unklug war es, an einem grasbewachsenen Hügel einzuschlummern, da sich darunter möglicherweise ein Feenwohnsitz befand; die Feen konnten heraufkommen und den Schläfer in ihr Reich hinabziehen.

Wer sich an die alltäglichen Verhaltensregeln hielt, lief viel weniger Gefahr, von den Feen entführt zu werden, als Sterbliche, die mit ihrer Umwelt im Streit lagen. Und an den Tagen und Stunden zwischen zwei Zeitabschnitten, die nicht einmal bei den Sterblichen genau abgegrenzt sind, hieß es natürlich, besonders vorsichtig sein.

Daß auch eine flüchtige Begegnung mit den Feen verheerende Folgen haben konnte, zeigt die Geschichte von Taffy ap Sion aus Wales. Taffy, Sohn eines Schuhmachers, war ein recht verträumter junger Mann. Wenn in der Werkstatt seines Vaters die Arbeit ruhte, wanderte er oft hinaus über die kargen Hügel und mit Steinen übersäten Felder hinter seinem Dorf, einzig von dem Wunsch beseelt, allein zu sein mit den Wolken und den Schreien der Krähen. Sein Vater ermahnte ihn stets aufs neue, vor Feenringen auf der Hut zu sein. Taffys Blick war aber nur selten auf den Boden gerichtet, und eines stürmischen Nachmittags fuhr er erschreckt zusammen — plötzlich war es um ihn herum sehr hell geworden. Im nächsten Augenblick vernahm er einen schrillen Pfeifton.

Der junge Bursche sah sich von Männern in grünen Umhängen und Frauen in scharlachroten und weißen Gewändern umgeben, die um ihn herumwirbelten. Sie waren kleine, zierliche Wesen, die in dem strahlenden Licht, das sie einhüllte, wie Juwelen funkelten. In ihrer Mitte standen festlich gedeckte Tische mit Früchten, gebratenem Fleisch und bis zum Rand mit funkelndem Rotwein gefüllten Kelchen. Narren tollten um die Tische herum und trieben ihre Späße.

Jenseits des leuchtenden Kreises schienen die Berge und Felder geisterhaft und fern, als ob sich ein schwerer Nebel über sie ausgebreitet hätte. Aber das kümmerte Taffy wenig, da er nicht den Wunsch verspürte, diesen angenehmen, sorgenfreien Ort zu verlassen. Im Gegenteil, er ergriff die Hände zweier Feen und ließ sich bereitwillig in den Strom der Tanzenden ziehen.

Nach fünf oder vielleicht zehn Minuten strauchelte Taffy und fiel kopfüber aus dem Feenring. Einen Augenblick lang saß er im Gras. Der Kopf schwirrte ihm, und er wunderte sich, daß er die Feen nicht mehr sah noch hörte. Dann stand er auf. Die Landschaft hatte sich merkwürdig verändert. Die Umrisse der Hügel am Horizont kamen ihm

vertraut vor, doch dort, wo sich nach Taffys Erinnerung Grasbüschel und holprige Gesteinsbrocken befanden, erstreckten sich grüne Felder, die mit Steinmauern umsäumt und von Wegen durchzogen waren.

Gewiß handelte es sich um einen Feenzauber, da war sich Taffy sicher, doch als er auf dem Heimweg über unbekannte, moosbewachsene Mauern kletterte, wurde ihm doch recht unbehaglich zumute.

Er ging um den Hügel herum, hinter dem sich das Häuschen seines Vaters versteckte. Und tatsächlich, da stand auch ein Haus, doch an Stelle der strohgedeckten Hütte mit dem staubigen Hof davor erhob sich dort ein solides, schiefergedecktes Bauernhaus, auf das zwei hochgewachsene Kiefern ihre Schatten warfen. Ein fremder Hund lief schnüffelnd und bellend auf ihn zu. Und der Mann, der aus dem Haus trat, um den Hund zu beruhigen, war nicht sein Vater, auch kein Nachbar oder Verwandter.

Als der Bauer den verwegenen, merkwürdig gekleideten Burschen sah, glaubte er zunächst, einen Geistesgestörten vor sich zu haben. Doch nachdem Taffy seine Geschichte erzählt hatte, ahnte der Bauer, was sich zugetragen hatte. Er beschloß, eine alte Frau aus dem Dorf zu fragen, die etwas wußte über die Zeit, als die Gegend noch dünn besiedelt war — lange bevor die Familie des Bauern hierhergekommen war. Doch als der Mann mit Taffy den Hügel zum Dorf hinunterging, wurde der Gang des Burschen immer schleppender. Der Bauer vernahm einen tiefen Seufzer, und als er sich umwandte, sah er, daß Taffys Gesicht weiß und steif und sein Körper so durchsichtig wie der eines Geistes wurde. Dann war er verschwunden, und ein feiner Ascheregen rieselte zu Boden.

Der Bauer hatte richtig vermutet: Während in dem Feenring, in dem Taffy so glücklich getanzt hatte, nur Minuten vergangen waren, hatte die Welt der Sterblichen Jahrhunderte an sich vorbeiziehen sehen. Als Taffy zu den Menschen zurückkehrte und sich am Ende das Gewicht all der Jahre auf seine Schultern legte, zerfiel er zu Asche. Wie die alte Dorffrau dem erschütterten Bauern erklärte, waren über dreihundert Jahre vergangen, seit ein Schuhmachersohn an dem kargen Berghang verschollen war.

Die Feen, mit denen Taffy jahrhundertelang im Tanz vereint war, hatten keine Anstrengungen unternommen, ihn zu verführen, und ebensowenig hatten sie versucht, ihn zurückzuhalten, als er ihre Mitte wieder verlassen wollte. Böse Absicht hatte bei diesem Vorfall keine Rolle gespielt, aber ihre Welt mit ihrem undurchschaubaren Ablauf von Stunden, Tagen und Jahren stand im unheilvollen Widerspruch zu der des Menschen. Selbst Feen mit den besten Vorsätzen konnten einen Menschen nicht vor den grausamen Konsequenzen elfischer Zeit bewahren.

Doch wie alles im Reich der Feen war auch die Dauer der Zeitspannen wechselhaft. Sterbliche, die in die Welt der Feen gelangten, blieben dort nicht unbedingt Jahrhunderte. Bauern erzählten von Gefangenen, die bereits nach einem Jahr und einem Tag oder nach sieben Jahren freigelassen oder gerettet wurden — Zeiträume, die eine Annäherung der Welt der Feen an die der Menschen vermuten ließen. Aber kaum einer kehrte nach einem Aufenthalt bei den Feen unverändert zurück. Ein derartiger Eingriff in die natürliche Ordnung mußte einfach seine Spuren hinterlassen — meist in Form des verzehrenden Wunsches, wieder in das fremdartige Reich zurückzukehren.

Ein Knecht aus Wales namens Rhys fiel nach seiner Rettung aus einem Feenring dieser Sehnsucht zum Opfer. Auf folgende Weise war es dazu gekommen, daß Rhys in den Bann der Feen geraten war:

Eines Abends befanden er und sein Freund Llewellyn sich nach getaner Arbeit auf dem Heimweg. Unterwegs wandte sich Rhys an Llewellyn mit der Bemerkung, daß er von fern den Klang von Harfen höre. Allerdings sei die Melodie kaum wahrnehmbar, wie wenn es sich um die bloße Erinnerung an ein Lied handele – obwohl er nicht zu sagen vermochte, wo er es zuvor schon einmal gehört habe. Rhys war wie verzaubert von der Musik. Er wandte sich der nahe gelegenen Wiese zu und sagte Llewellyn, daß er ohne ihn weitergehen solle.

Rhys kehrte nicht wieder in sein Dorf zurück, weder an jenem Abend noch lange Zeit später. Er blieb spurlos verschwunden. Gerüchte wurden laut, Llewellyn habe ihn umgebracht, was dieser energisch bestritt. Schließlich machte ein Dorfbewohner den Vorschlag, daß Llewellyn ihn zu der Stelle führen sollte, wo Rhys die merkwürdige Musik vernommen hatte.

Llewellyn sah sich die Wiese genauer an und entdeckte im Brombeergestrüpp eine Stelle mit flachgetretenem Gras. Vorsichtig setzte er einen Fuß darauf, und augenblicklich wurde er Zeuge eines faszinierenden Schauspiels. Eine wirbelnde Feenschar tanzte in einem hellen Lichterkranz. In der Mitte stand Rhys und bewegte sich zuckend zu dem trommelnden Rhythmus. Einen Fuß außerhalb des Kreises sicher aufsetzend, griff Llewellyn nach Rhys' Rockzipfeln und zog ihn aus dem Reigen. Sein Begleiter aus dem Dorf war erstaunt: Er hatte nur Llewellyns merkwürdige Haltung gesehen; Rhys schien plötzlich aus der Luft aufgetaucht zu sein.

Rhys war fest davon überzeugt, daß er nicht länger als fünf Minuten getanzt hatte. Er bedauerte die Unterbrechung zutiefst und konnte sein altes Leben nicht wieder aufnehmen. Er zerstritt sich mit seinen Freunden und ging auch nicht mehr zur Arbeit aufs Feld, sondern wanderte allein durch das Hochland. Er sehnte sich nach der unbändigen Musik, mußte sich aber mit dem Ächzen des Windes begnügen. So vergingen Wochen, Rhys magerte ab und verlor immer mehr Interesse an seiner Umwelt. Eines Tages wurde er nicht mehr gesehen, und schließlich fand ein Jäger seinen Leichnam.

So wie die Sterblichen von einer Sehnsucht ergriffen wurden, wenn sie die Freuden des Feenreiches einmal genossen hatten, waren auch die Feen von einer Sehnsucht erfüllt. Besonders in späterer Zeit, als sie vom Aussterben bedroht waren, übten die menschliche Lebenskraft und Fruchtbarkeit eine große Anziehungskraft auf sie aus. Um die eigene Welt mit menschlicher Lebendigkeit zu bereichern, machten die Feen auch vor Entführungen nicht halt. Ihre bevorzugten Opfer waren blühende, gesunde Kinder, vor allem Säuglinge.

Da der Mensch zu keiner Zeit über so viel Lebenskraft verfügt wie im Kindesalter, waren sich die Erwachsenen der Gefahr bewußt, der ihre Kinder von seiten der Feen ausgesetzt waren. Ein ungetauftes Kind war am meisten gefährdet, denn ohne Namen, der seine Zugehörigkeit besiegelte, war es noch nicht an die menschliche Welt gebunden. Deshalb hängte eine Mutter in der Zeit vor der Taufe bisweilen eine geöffnete Schere an die Wiege, um so die Angst der Feen vor Eisen und dem Kreuz, dem die Schere ähnelte, auszunutzen. Ebenso bot die Hose des Vaters, mit der Innenseite nach außen quer über die Wiege gelegt, einen Schutz gegen Angriffe der Feen. Auch kleine Bündel mit starken Gewürzen, an die Seite der Wiege gehängt, galten als wirksame Mittel.

Trotzdem war es nie sicher, ob diese Mittel tatsächlich auch wirkten. Besonders beunruhigend war, daß eine Kindesentführung für eine Weile unbemerkt bleiben konnte, da die

Kluge Sterbliche, die in Sommernächten auf einer Wiese einen Lichterkranz glitzern sahen, machten rasch kehrt. Bei den Kränzen handelte es sich nämlich um Feenringe, und wer dort hineingeriet, war gefangen in jener andersartigen Welt.

Feen ein Wesen eigener Herkunft in die Wiege legten, dem durch Zauber die äußere Gestalt des gestohlenen Kindes verliehen wurde. Wenn die Eltern den Tausch bemerkten, waren die Feen mit ihrer Beute längst wieder in ihrem eigenen Land.

Kein von den Feen zum Austausch zurückgelassenes Kind konnte über einen längeren Zeitraum die Lebenskraft eines Menschenkindes vortäuschen, weil es sich bei dem Ersatz gewöhnlich um ein älteres Mitglied des Feenstammes handelte. Dieses ließ sich zwar gern von der sterblichen Mutter verwöhnen, war auf Dauer aber unfähig, sein abstoßendes Äußeres zu verbergen. Auch konnte man mittels verschiedener Prüfungen feststellen, ob ein Säugling der Feenwelt entstammte oder nicht. Viele dieser Proben waren grausam: So wurde das Kind beispielsweise auf eine Schaufel gesetzt und über ein Feuer gehalten, oder man setzte es auf einen Misthaufen und ließ es dort allein.

War der Säugling tatsächlich eine verzauberte Fee, nahm die Prüfung einen guten Ausgang — in dem Augenblick, da die Qual angekündigt wurde, warf die Elfe ihre äußere Menschenhülle ab und verschwand; aus der Wiege drang das Geschrei des Säuglings, der der Mutter wirklich gehörte. Handelte es sich jedoch um ein Menschenkind, das unglücklicherweise beargwöhnt wurde, weil es nicht recht gedeihen wollte oder über Nacht plötzlich erkrankt war, konnte eine solche Probe tragische Folgen haben. Doch zum Glück gab es auch sanftere Methoden, um die Herkunft eines Säuglings zu ermitteln, wie folgende irische Geschichte zeigt.

Eines Morgens wurde eine Frau durch ein ungewöhnliches Geräusch geweckt. Ihr Sohn, ein bis dahin ruhiges, gesundes Baby, war heiser vom Schreien. Sie eilte zur Wiege und trat entsetzt zurück. Seine Wangen, am Tag zuvor noch voll und rosig, waren nun grau und eingefallen. Unter seiner Haut, die der eines alten Mannes glich, zeichnete sich jeder Knochen ab. Die Mutter rief die Nachbarn. Einige meinten, es sei das Fieber, das ihren Sohn so zugerichtet habe, die meisten jedoch waren der Ansicht, daß es sich um eine List der Feen handele.

Die herkömmlichen Mittel gegen solche Streiche waren grausam. Man riet der Mutter, das Kind über die Flamme zu halten oder es in einen Schneehaufen zu werfen. Das von den Feen zum Austausch dagelassene Kind würde dann sofort verschwinden und ihr leibliches zurückkehren. Die Frau aber konnte sich nicht überwinden, dem Rat der Nachbarn zu folgen. Wenn das Kind auch aus Leibeskräften schrie und wie ein Gespenst aussah, so konnte es doch ihr eigenes sein.

Eine kluge Nachbarin wußte Rat. „Es gibt eine Möglichkeit, die Wahrheit herauszufinden, ohne daß dem Säugling ein Leid geschieht", sagte sie. Die hilfesuchende Mutter blickte die alte Frau verwundert an, als diese ihr das Mittel nannte.

„Ihr solltet ihm eine kleine Überraschung bereiten", riet sie. „Bringt Wasser in einem Kessel zum Kochen. Besorgt Euch ein Dutzend frisch gelegter Eier, werft das Innere fort und behaltet nur die Schalen. Sobald das Wasser zu dampfen beginnt, gebt die Eierschalen hinein und sagt, daß Ihr Bier brauen wollt. Auf diese Weise erfahrt Ihr, ob das Kind in der Wiege Euer Sohn oder eine Fee ist. Wenn es eine Fee ist", fügte sie noch hinzu, „könnt Ihr einen glühenden Schürhaken an seiner Kehle hinuntergleiten lassen, und sie wird Euch nicht wieder belästigen."

Kurz darauf stand die Mutter am Herd. In einem Kessel kochte Wasser, neben ihr stand ein Korb mit Eiern. Jetzt kam aus der Wiege kein Laut mehr. Sie nahm ein Ei nach dem anderen, schlug es auf, ließ das Innere in einen Eimer gleiten und legte die Schalen neben-

Selbst unter dem wachenden Auge der Mutter konnte es geschehen, daß ein Säugling sich über Nacht in ein abstoßendes Monstrum verwandelte. Dann wußte die Mutter, daß Feen ihr Kind entführt und ein Wesen eigener Herkunft in die Wiege gelegt hatten.

einander auf den Herd. Als sie die Schalen in den Topf fallen ließ, hörte sie hinter sich die gebrochene Stimme eines alten Mannes fragen: „Was tust du da, Mutter?"

Die Mutter drehte sich um und erblickte das verhutzelte Kind, das kerzengerade in der Wiege saß und sie mit fremdartig funkelnden Augen ansah. Da schwanden ihre Zweifel rasch dahin, und sie warf den Schürhaken ins Feuer.

„Ich braue, mein Sohn", antwortete sie.

„Und was braust du, Mutter?"

„Eierschalen, mein Sohn", sagte sie mit einem Seitenblick auf den Schürhaken.

„Oh", schrie das Wesen und sprang mit ruckartiger Bewegung auf, so daß die Wiege wie wild zu schaukeln anfing. „Ich bin fünfzehnhundert Jahre alt, aber noch nie habe ich in der ganzen Zeit gesehen, daß jemand Eierschalen braut."

Jetzt konnte die Frau nicht länger an sich halten. Wenn der Schürhaken auch noch kalt war, so wollte sie ihn zumindest als Prügel benutzen. Doch als sie an die Wiege trat, stellte sie fest, daß die Decke sich rund und weich wölbte. Ihr eigenes Kind, gesund und unversehrt, lag wieder darin.

Kenner der Feen- und Elfengeschichte vermuten, daß das Interesse der Feen an gesunden Kindern nicht nur Ausdruck der Faszination war, die die menschliche Lebenskraft auf sie ausübte, sondern auch einem konkreten Bedürfnis entsprang: Ihr durch Jahrhunderte geschwächtes Geschlecht mußte mit Hilfe menschlicher Nachkommenschaft verjüngt und gestärkt werden. Wie dem auch sei, es ist sicher, daß die Feen für die besonderen Fähigkeiten des Menschen vielseitige Verwendung fanden. Oft wurden Hebammen herbeigeholt, um bei der Niederkunft einer Fee zu helfen, und Ammen wurden entführt, um Feenkinder zu säugen — denn wenn Feenmütter überhaupt Milch hatten, dann war sie mit Sicherheit dünn und wenig nahrhaft. Von den Feen entführte Menschen wurden auch als Köche, Lastenträger und zum Saubermachen eingesetzt.

Sterbliche, die bei den Feen als Dienstboten gelebt hatten und wieder befreit wurden, verspürten nicht das tödliche Verlangen, das diejenigen befiel, die mit den Feen getanzt und gefeiert hatten. Es hatte den Anschein, daß nur die freiwillige Teilnahme an diesen Festen den Sterblichen an das Land der Feen band. Unfreiwillige Besucher des Feenreiches machten oft die Entdeckung, daß die glitzernde Oberfläche jener Welt nichts als eine Illusion war, hinter der sich eine dürftige Realität verbarg. Deshalb hatten auch diejenigen, die diese scheinbare Schönheit durchschauten, nicht das Verlangen, in der anderen Welt zu bleiben. Wie die geraubten Kinder, so kehrten auch diese Erwachsenen, wenn sie befreit wurden, unversehrt zurück.

Ihre Rettung war jedoch eine weit schwierigere Aufgabe, zumal die Entführer anstelle des Erwachsenen keine Fee als Ersatz zurückließen. Meist legten die Feen einen hölzernen

Von Zeit zu Zeit, so glaubten verängstigte Mütter, fielen Scharen von Elfen über die Dörfer her und entführten gesunde Menschenkinder, um ihr schrumpfendes Volk aufzufrischen.

Klotz in das Bett des Opfers, der wie der Gefangene aussah und für einige Tage durch Zauberkraft zum Leben erweckt wurde. Wenn der Zauber geschwunden war und der Klotz wieder steif und bewegungslos dalag, nahmen die Verwandten in der Regel an, daß der Unglückliche gestorben war. Daß es sich um eine Feenlist handelte, kam ihnen meist nicht in den Sinn.

Wurde die Tat jedoch entdeckt, bestand berechtigte Hoffnung, den Entführten zu retten. Manchmal spielte dabei auch das Glück eine Rolle — wie zum Beispiel bei dem irischen Bauern, der seine Frau aus den Händen der Feen befreite.

Der Bauer hatte tief und fest geschlafen und bemerkte die Abwesenheit seiner Frau erst am Morgen, als er durch den Säugling geweckt wurde, der in der Wiege am Fußende seines Bettes lag und nach Milch schrie. Als er neben sich griff, um seine Frau zu wekken, fand er ihr Bett leer und kalt. In der Tür standen zwei seiner älteren Kinder mit schreckensbleichen Gesichtern, denn sie hatten den Raub ihrer Mutter mit angesehen.

Mitten in der Nacht waren sie von einem Licht geweckt worden, das aus dem elterlichen Schlafzimmer fiel. Die Kinder schlichen sich zur Tür und sahen ihre Mutter, die sich wie in Trance auf sie zu bewegte. Sie schritt in einem Ring aus Licht und war umgeben von Männern, die wie bunte Glasscherben leuchteten. Die Geschwister riefen ihrer Mutter etwas zu, doch sie ging, ohne sich noch einmal umzudrehen, an ihnen vorbei.

Kaum hatte er die Ereignisse der vergangenen Nacht vernommen, ließ der Bauer seine weinenden Kinder allein zurück und ging ins Dorf, um die Nachbarn zu befragen. Es war, wie er erwartet hatte: Niemand hatte seine Frau Molly gesehen, und alle vermuteten, daß sie bei den Feen war. In den folgenden Tagen und Wochen blieb dem Bauern nichts anderes, als zu hoffen und zu warten.

Eines Morgens kam die Hebamme des Dorfes mit einer Neuigkeit zu ihm. In der vergangenen Nacht, sagte sie, habe ein merkwürdiger Herr an ihre Tür geklopft, aufgeregt wie jeder werdende Vater. In solchen Augenblicken, meinte sie, würde sie keine Fragen stellen. Sie suchte nur rasch ihre Sachen zusammen und stieg hinter den Mann auf sein schwarz glänzendes Pferd.

Als das Pferd in Galopp fiel, schloß die Hebamme die Augen und suchte am Reiter festeren Halt. Es dauerte nicht lange, da öffnete sie die Augen und fand sich in einem prunkvollen Zimmer wieder, das mit Wandbehängen geschmückt und von einem lodernden Kaminfeuer gewärmt wurde. In der Mitte des Raumes stand ein ausladendes Himmelbett, und fast verloren zwischen all den Kissen lag eine kleine, zarte Frau, deren Gesichtszüge vom Schmerz verzerrt waren.

Mit geschickten Händen half die Hebamme einem kräftigen, schreienden Knaben auf die Welt. Sodann reichte der Mann ihr einen Topf Salbe, mit der sie die Haut des Jungen einfettete. Nach getaner Arbeit rieb sie sich müde die Augen, wobei ein wenig von der Salbe, die noch an ihrem Finger haftete, in ihr rechtes Auge gelangte. Sogleich schien das Sehvermögen auf diesem Auge getrübt. Das prächtige Zimmer schrumpfte zu einer schmutzigen, dunklen Höhle, das Bett verwandelte sich in einen mit Stroh bedeckten Felsblock, und die lodernden Scheite fielen zu einem glimmenden Häuflein Torf zusammen. Der Knabe, so mager wie ein gerupftes Hühnchen, ruhte an der kraftlosen Brust der Mutter. Da wußte die Hebamme, daß sie der Geburt eines Feenkindes beigewohnt hatte.

Sie hatte zuvor schon von Feensalben gehört, die den Menschen dazu befähigten, die Welt aus der Sicht der Feen zu sehen. Und nun wurde ihr durch die Wirkung der Salbe noch ein anderes Geheimnis offenbart: Im Schatten, wo eben noch ein großer Kandela-

ber gestanden hatte, wartete Molly, gesund und kräftig wie in den Tagen vor ihrer Entführung. Sie gestikulierte ängstlich, als ob sie der Hebamme etwas mitteilen wollte.

Als der Feenvater für einen Augenblick hinausging, fanden Molly und die Hebamme Gelegenheit, ein paar Worte zu wechseln. Molly war geraubt worden, um das Feenkind zu säugen. Sie hatte schon befürchtet, nie wieder nach Hause zurückzukehren. Doch jetzt, da die Hebamme die Welt mit Feenaugen sah, konnte Molly hoffen, gerettet zu werden. „Warte nächsten Freitag mit meinem Mann am Dorfrand", erklärte sie der Hebamme. „Eine Feenprozession wird an euch vorüberziehen, an der auch ich teilnehmen werde. Führe meinen Mann zu mir, und wenn es ihm gelingt, mich allem Widerstand der Feen zum Trotz festzuhalten, wird er mich zurückbekommen."

Bald darauf wollte der Feenvater die Hebamme in ihr Dorf zurückbringen. Sein Pferd, auf dem Hinritt noch ein stolzes Tier, erschien ihr jetzt schwach und ausgemergelt, doch um ihre neugewonnene Sicht nicht zu verraten, stieg sie gehorsam auf. So gelangte sie durch das Dunkel der Nacht wieder zu ihrer Hütte zurück.

Hier endete die Schilderung der Hebamme. Sie sah den Bauern eindringlich an. „Du weißt jetzt, was du zu tun hast", sagte sie.

Wie vereinbart warteten der Ehemann und die Hebamme Freitag nacht am Dorfrand. Als die Mitternacht herannahte, griff die Hebamme erschrocken nach dem Arm des Bauern. Die Kiesel des Weges begannen, unter den Füßen der Feen zu rütteln und zu rasseln. Der Bauer, der im Gegensatz zur Hebamme nichts sehen konnte, vernahm lediglich ein Geräusch, das sich wie das Rascheln von Kleidungsstücken anhörte. Da gab die Hebamme ihm einen Stoß, und er stürzte vor und schloß eine weiche vertraute Gestalt in die Arme.

Im Nu war er von unsichtbaren Wesen umringt. Die vom Mondlicht beschienene Landschaft verbarg sich hinter einer Flammenwand, und der tosende Lärm einer Feuersbrunst drang an sein Ohr. Die lodernden Flammen teilten sich in glühende Bögen, die sich in die schwarze Nacht erhoben und zur Erde niederstürzten. Sie durchbohrten den Boden zu Füßen des Bauern, und aus der Erdspalte quoll eine Meute bösartiger Kreaturen, die aber in der Dunkelheit nicht voneinander zu unterscheiden waren. Sie sprangen und flatterten um die Füße des Bauern. Da schloß er die Augen, gewillt, sich gegen ihre giftige Berührung zu wappnen. Doch sie berührten ihn nicht, und als er die Augen wieder öffnete, hatte der Schrecken aufgehört. Neben ihm stand Molly und blinzelte, als ob sie aus einem langen Schlaf erwachte.

Die Hebamme begegnete den Feen noch ein weiteres Mal. Zu ihrer großen Überraschung entdeckte sie eines Tages auf dem Marktplatz den Feenvater, der sie zur Geburt seines Sohnes geholt hatte. Leichtfüßig eilte er durch die Menge und stiebitzte mal hier, mal dort Käse oder Würste von den Verkaufsständen. Ärgerlich rief die Hebamme ihm nach, und verdutzt drehte er sich um. Dann ging er zu ihr, um herauszufinden, welches ihrer Augen ihn wohl gesehen haben mochte. Und als er sich sicher war, stach er mit seinem Finger, dessen Nagel so spitz wie ein Rosendorn war, mitten in das rechte Auge der Hebamme und blendete es.

Es war dem Bauern leichtgefallen, mutig zu handeln, da er seine Frau sehr liebte. Zugleich mag er Vorbilder für seine Standhaftigkeit gehabt haben. In jedem Dorf gab es damals Geschichtenerzähler, die von heroischen, mit übermenschlichen Kräften ausgestatteten Männern in fernen Zeiten — den Tagen von Ethna und den Tuatha Dé

Mit einer Harfe, die von den Wundern aufrechter Liebe sang, zwang König Orpheus von Thrakien einen Elfenkönig, seine Gemahlin freizugeben, die mit Hilfe von Feenzauber lange Zeit gefangengehalten worden war.

Danann —, berichteten, in denen auch die Feen in überirdischem Glanz erstrahlten, wie ihn die Welt seitdem nicht wieder gesehen hat. Ihre Schönheit war nicht trügerischer Schein, sondern Teil ihres Wesens, und sie waren so tapfer und leidenschaftlich wie jeder menschliche Ritter. Wenn Feenkönige in jener Zeit Frauen der Sterblichen entführten, wurden diese nicht als Dienerinnen oder Ammen gehalten, sondern zur Frau oder Geliebten gemacht und als Zierde der königlichen Gemächer verehrt. Es gab manchen Ritter, der, wie Ethnas Bräutigam, seine Gemahlin einem Widersacher aus dem Feenreich wieder entreißen mußte. Diese heldenhaften Sterblichen waren es möglicherweise, an die der Bauer sich erinnerte, als er in jener Nacht im Mondschein auf seine Frau wartete. Vielleicht kannte er aber auch, wie so viele, die Sage von Orpheus.

Orpheus, der für sein Harfenspiel und sein gütiges, gerechtes Wesen gleichermaßen bekannt war, herrschte im fernen Thrakien in Nordgriechenland. Unter seiner Regierung gediehen Wohlstand und Frieden im Land. Doch jene glücklichen Tage fanden ein plötzliches Ende, als Königin Eurydike, die liebreizende Gemahlin Orpheus', eines Tages heftig schluchzend aus dem Palastgarten hereingebracht wurde.

Schließlich erzählte sie, was sich zugetragen hatte. An jenem Morgen war sie durch den lieblichen Gesang der Vögel und die laue Frühlingsluft unter einem Zierbaum eingeschlafen. Es war einer jener Bäume, die nicht natürlich gewachsen, sondern durch Aufpfropfen veredelt worden sind. Vielleicht weil der Mensch in ihnen den Lauf der Natur gestört hatte, markierten diese Bäume oftmals die Grenzlinie zwischen dem Reich der Sterblichen und dem der Feen. Eurydike war nun so unachtsam gewesen, sich in die Nähe eines dieser Bäume zu begeben. Genau um die Mittagsstunde, dem Grenzpunkt zwischen zwei Zeitabschnitten, war sie erschreckt aus dem Schlaf hochgefahren.

Eurydike hatte geträumt, daß sie bald von Orpheus und der sonnenbeschienenen Welt getrennt sein würde. Ein Feenkönig, groß, stark und mit einer edelsteinbesetzten Krone auf dem Haupt, war zu ihr gekommen und hatte sie emporgehoben. Dann hatte er sie durch die Finsternis in sein fernes Land getragen und ihr die prächtigen Schlösser, die Wiesen voller Blumen und Schwärme jubilierender weißer Vögel gezeigt. Danach hatte der König sie wieder unter den Zierbaum gesetzt und ihr unter Androhung einer schrecklichen Strafe befohlen, am nächsten Tag dort wieder auf ihn zu warten. Sie wage es nicht, fügte sie traurig hinzu, sich dem Befehl des Königs zu widersetzen.

Am nächsten Morgen ließ Orpheus den Baum, unter dem Eurydike blaß und ergeben wartete, durch Ritter in Harnisch bewachen. Als sie nach dem Feind Ausschau hielten, erfüllte plötzlich ein Rasseln und Klirren die mittägliche Stille. Orpheus, der dem Baum am nächsten stand, stieß einen Schrei aus. Eurydike war aus dem Kreis, den die Männer bildeten, verschwunden.

Von Kummer überwältigt, entsagte Orpheus seinem Thron und floh in die Wildnis; nur seine Harfe nahm er mit sich. Er ernährte sich von Wurzeln, Beeren und Baumrinde. Nachts schlief er, den Kopf auf den steinigen Boden gebettet, unter freiem Himmel oder — wenn es regnete und stürmte — in schutzbietenden Höhlen. Er wurde dünn und hager, und sein einziges Vergnügen war die Musik. Wenn er auf seiner Harfe spielte, hörten die Vögel zu singen auf, und die wilden Tiere näherten sich, um ihm zu lauschen.

In diesen langen Jahren begegnete er keinem menschlichen Wesen. An heißen Sommertagen sah er manchmal Reiterzüge der Feen, wie sie durch das hohe Gras zogen, und in der Ferne hörte er den Klang der Jagdhörner. Eines Tages erwachte er durch das Krachen brechender Zweige und den dumpfen Laut von Hufen auf dem Waldboden. Aus dem Schatten tauchte eine Prozession von Feenjägerinnen auf. Jede ritt auf einem schneeweißen Pferd und führte auf dem mit einer Manschette geschützten Unterarm einen silbergrauen Falken mit sich. Eine der Jägerinnen sah sich nach dem armen Orpheus um — es war Eurydike. Sie starrten einander an, in ihren Augen standen Tränen. Doch bevor sie ein Wort wechseln konnten, war die Prozession weitergezogen.

Alle Vorsicht mißachtend, nahm Orpheus seine Harfe und folgte den Jägerinnen. Nach einer Weile tat sich eine Felswand vor ihnen auf, in die die Feen durch eine Öffnung hineinschlüpften. Orpheus folgte ihnen dicht auf der Spur; das Geklapper der Hufe leitete ihn durch die Dunkelheit. Stundenlang tappte er durch einen gewundenen Gang, bis mit einem Mal ein helles Licht seine Augen blendete. Vor ihm stand ein Schloß, das sich in einer fruchtbaren Ebene erhob.

Alle Tore standen dem wandernden Musikanten offen, und bald hatte Orpheus das Schloß erreicht. In den Schloßgärten, an denen er vorbeikam, lagen unzählige Sterbliche im Schlaf versunken. Sie waren von den Feen in diesem Zustand hierhergebracht worden. Wie Reiterstatuen standen hier und dort berittene Kämpfer, die auf dem Höhepunkt der Schlacht aus der Welt der Sterblichen fortgezaubert worden waren. In dem Hof, der den Mittelpunkt des Palastes bildete, fand Orpheus den Feenkönig — und auch Eurydike, die unter einem Zierbaum, dem genauen Abbild des Baumes in ihrem eigenen Schloßgarten, lag und schlief.

Orpheus kniete vor dem König nieder und erbot sich, für ihn auf der Harfe zu spielen. Der König betrachtete ihn verächtlich und gab widerwillig seine Zustimmung. Doch als Orpheus seinem Instrument einschmeichelnde Klänge entlockte, hellte sich des Königs Miene auf. Als Orpheus sein Spiel beendet hatte, bot ihm der König jede Belohnung, die er verlangte.

„Dann gebt mir die Frau, die unter dem Zierbaum schläft", antwortete Orpheus.

„Welch ungleiches Paar", erwiderte darauf der König. „Es wäre ein abscheulicher Anblick, sie in Eurer Begleitung zu sehen."

„Noch abscheulicher wäre es von Euch, unwahr gesprochen zu haben, als Ihr mir jede Belohnung anbotet", entgegnete Orpheus.

Der König wußte, daß Orpheus recht hatte. Er machte eine Geste, Eurydike regte sich und erwachte. Als sie ihren Gatten gewahrte, huschte ein Leuchten über ihr blasses Gesicht. Orpheus nahm sie bei der Hand und führte sie aus dem Schloß. Und obwohl einige Geschichtsschreiber behaupten, Orpheus habe seine Gemahlin auf dem langen Gang durch den Felsen, der das Reich der Feen von der Welt der Menschen trennte, wieder verloren, gibt es andere, nach denen sie triumphierend in die Welt des Lichts zurückkehrten und erneut gekrönt wurden.

In späteren Zeiten waren viele, die von Orpheus' Reise ins Land der Feen hörten, von seinem Triumph so begeistert, als hätten sie ihn selbst erlebt. Seine Geschichte spiegelt ihre eigenen Ängste vor dem Reich der Feen und deren verderblichem Einfluß auf die Welt der Sterblichen wider. Für die meisten Sterblichen stellte das Land der Feen eine Bedrohung dar, doch es gab auch einige wenige, die sich — mit übersinnlichen Kräften versehen oder aus Liebe zu einer Fee — von ihresgleichen abwandten und im Reich der Feen eine Zufluchtsstätte vor dem Tod fanden.

Einer dieser wenigen Auserwählten — einer sagenumwobenen Gesellschaft, zu der angeblich auch König Artus gehörte — war Thomas der Reimer, ein Dichter und Träu-

Die süßen Weisen, die Thomas der Reimer in einem einsamen Wald sang, lockten eine Elfenkönigin herbei. Sie nahm den sterblichen Mann mit in ihr Reich, wo er sieben Jahre lang lebte.

mer aus Schottland. Seine Landsleute erfuhren von seinem Aufenthalt bei den Feen erst, als er nach siebenjähriger Abwesenheit nach Ercildoune, das Dorf, in dem er geboren wurde, zurückkehrte. Die Dorfbewohner hatten ihn längst für tot erklärt, und auf ihr eindringliches Fragen hin erzählte er folgende merkwürdige Geschichte:

Als er vor sieben Jahren in einem Wald in der Nähe von Ercildoune saß und auf seiner Laute spielte, kam eine Feenkönigin herangeritten. Sie machte unmittelbar vor ihm halt und lächelte ihm zu. Ihr Liebreiz glich dem der Morgenröte, und Thomas spielte süße, kunstvolle Weisen, um sie für sich zu gewinnen. Schließlich stieg sie vom Pferd, und als er sie küssen wollte, warnte sie ihn, daß er dadurch für sieben Jahre an sie gebunden sei. Doch sein Herz war in Liebe entflammt, und er zögerte nicht. Dann stieg sie auf ihr weißes Roß und machte sich, mit Thomas im Gefolge, zu einer anderen Welt auf.

Ihre Reise führte sie durch ewige Nacht, wo ein Strom von Blut Thomas' Fesseln umspülte, dann über eine tiefschwarze Heidelandschaft und schließlich auf eine leuchtende Wiese. Dort zeigte die Feenkönigin Thomas einen gepflegten Weg, breit und ausgetreten, der, wie sie sagte, ins Verderben führe, und einen engen, steilen Weg, voller Dornengestrüpp, der zur Rechtschaffenheit führe. „Doch für uns, die wir die Schönheit lieben und besingen, gibt es einen dritten Weg", fügte sie hinzu und führte Thomas einen sanft ansteigenden, gewundenen Pfad hinauf, wo das Moos ihre Schritte dämpfte und ihre Beine vom Farn liebkost wurden. Es war der Weg ins Feenland.

Und nun, da die sieben Jahre vergangen waren, hatte die Fee Thomas nach Ercildoune zurückgeschickt, damit er den Rest seiner Tage hier verbrachte. Als sich die Aufregung um seine Rückkehr gelegt hatte, nahm Thomas sein gewohntes Leben als Sterblicher wieder auf. Doch aus seinen Liedern sprach eine neue Ausdruckskraft, und bald wurde er für seine Weissagungen berühmt, denn er hatte im Land der Feen einen Apfel — ein Abschiedsgeschenk der Feenkönigin — gegessen, der ihm die Kraft der Wahrheit verlieh.

Es war Thomas' Gewohnheit, für seine Verwandten und die Dorfbewohner jedes Jahr ein Fest zu geben. Als sich das Fest zum achtundsiebzigsten Mal jährte, wurde es durch eine merkwürdige Nachricht unterbrochen. Der Bursche eines Pächters kam herbeigeeilt, und alles verstummte, als er die Neuigkeit hervorstammelte. Ein Hirschpaar, weiß wie Milch, käme den Weg zum Haus des Dichters herunter, berichtete er. Doch die Dorfbewohner ließen sich von der Nachricht nicht ängstigen. Sicherlich wußte Thomas, der weiseste Mann im Land, welche Bedeutung diese Tiere hätten.

Thomas dankte dem Burschen und erhob sich. „Die Hirsche", erklärte er seinen Gästen, „kommen aus der Welt der Feen und wurden gesandt, um mich zu holen." Er schritt hinaus.

Zahlreiche Dorfbewohner sahen schweigend zu, wie die Hirsche anhielten, als Thomas sich ihnen näherte, und dann neben ihm hergingen. Nur das Knirschen von Thomas' Schritten war zu hören, als er sich mit seinen außerirdischen Begleitern durch das Dorf zu dem dahinterliegenden Wald aufmachte. Bald darauf war der kleine Zug den Blicken entschwunden.

Als sein sterbliches Leben sich dem Ende näherte, wurde Thomas der Reimer ins Feenland zurückgerufen. Wenn man den Berichten späterer Besucher des Reiches Glauben schenken darf, hält er sich dort immer noch auf, unterhält die Feen mit seinen Liedern und lenkt sie mit seinem Rat. Dank der Liebe der Feenkönigin überwand Thomas die Sterblichkeit und den Tod irdischer Liebe. Einigen wenigen Sterblichen war es vergönnt, es ihm gleichzutun.

Verbotene Früchte

Wenn ein Sterblicher Elfennahrung zu sich nahm — eine der unzähligen Verlockungen, die von der Welt der Feen ausging —, lief er Gefahr, vom Wesen der Feen beeinflußt und für immer Gefangener des Feenlandes zu werden. Und wer tatsächlich einmal davon gekostet hatte, so hieß es weiter, sehnte sich danach, sie wieder zu genießen — eine Sehnsucht, die tödlich sein konnte.

Ein britisches Lied handelt von zwei Schwestern, die damit ihre Erfahrungen machten. Sie lebten in der Nähe eines Tales, in dem eine Elfengesellschaft nächtens Markt abhielt; die Feen boten saftige Birnen und Pflaumen, aromatische Pfirsiche und silbern schimmernde Weintrauben feil. Obwohl dieser Markt gewöhnlich unsichtbar war, gelang es den Schwestern eines Nachts, einen Blick davon zu erhaschen. Während die ältere floh, vermochte die jüngere nicht, sich loszureißen. Die Feen winkten flehentlich und gaben ihr, im Austausch gegen eine Locke ihres Haares, von all den süßen Früchten zu kosten — soviel, wie sie nur essen konnte.

Trunken von den Früchten machte sie sich auf den Heimweg. Bereits jetzt spürte sie das Verlangen, mehr von diesem angenehmen Gift zu kosten. Nacht für Nacht kehrte sie in das Tal zurück, doch der Markt war verschwunden. Von Sehnsucht und Verlangen gequält, siechte sie dahin.

Als immer offensichtlicher wurde, daß das Mädchen sterben würde, machte sich die ältere Schwester auf. Allein ging sie in das Tal, wo ihr die Feen, stets auf der Suche nach neuen Opfern, ihre verführerischen Waren anboten — die sie allerdings nur verkaufen wollten, wenn sie sie zusammen mit ihnen essen würde. Da das Mädchen nicht dieselben Qualen erleiden wollte wie seine Schwester, lehnte es ab. Die Elfen gerieten außer sich vor Wut. Im Nu hatten sie das Mädchen umstellt und bissen, kniffen und kratzten es, wobei sie auf es einschrien. Sie drückten die Früchte gegen das Gesicht der Schwester, um sie zum Essen zu zwingen, aber das Mädchen blieb standhaft und hielt die Lippen fest geschlossen, während der Saft der Früchte an seinen Wangen herunterlief.

Mit Einbruch der Morgendämmerung kündigte sich das Ende des Feenspuks an. Ärgerlich zischend und tuschelnd machten die Feen sich davon. Das Mädchen eilte nach Hause zu seiner kranken Schwester und forderte sie auf, sie auf die Wange zu küssen. Der Geschmack des Fruchtsaftes, der das Gesicht des Mädchens überzog, stillte ihr Verlangen. Sie war geheilt und wurde schnell wieder gesund.

So verbrachten die Schwestern noch viele glückliche Tage, doch das Tal suchten sie nie wieder auf.

Tam Lin

Die Befreiung eines Menschen aus der Gewalt von Feen war stets mit großen Gefahren verbunden. Nur wenige Sterbliche waren tapfer genug, das Wagnis einzugehen. Eine von ihnen war eine junge Frau aus Schottland, die Tochter des Earl of March. Ihr Name war Janet.

In der Nähe des Schlosses, in dem sie lebte, unweit der Grenze nach England, gab es einen Wald — den Carterhaugh Wood — , von dem es hieß, daß er unter der Schutzherrschaft eines Elfenritters stehe. Keine Jungfrau, die sich dort hineinwagte, kehrte je unberührt zurück. Aber Janet kümmerte sich nicht um die Gefahr. An einem frühen Nachmittag im Sommer begab sie sich in jenen sagenumwobenen Wald, um dort wachsende wilde Rosen zu pflücken. Sie brach eine Rose — und da stand plötzlich der Ritter vor ihr. Er war groß und blaß und trug einen seidenen Umhang.

Durch das Laub der Bäume fielen schon die Strahlen der Sonne, als Janet — nicht länger eine Jungfrau —

sich auf den Heimweg machte. Doch schon bald darauf kehrte sie in den Wald zurück, um den Ritter wiederzusehen, denn sie hatte sich in ihn vom ersten Augenblick an verliebt. An den gemeinsam verlebten Sommernachmittagen vertraute er ihr an, wer er eigentlich war — kein Elfenritter, sondern ein Mensch wie sie. Er hieß Tam Lin und war der Enkel des Earl of Roxburgh. Seit er vor Jahren in die Gefangenschaft der Feen geraten war, stand er im Dienste der Feenkönigin. Bei Tage wachte er über ihren Wald, des Nachts ritt er mit ihrem Gefolge aus.

Welcher andere Mensch hätte Tam Lin aus seinem Schattendasein befreien können als Janet, die ihn von Herzen liebte? Sie sagte ihm, daß sie alles tun würde, um ihn zu erretten, und Tam Lin erklärte ihr, wie sie es anstellen könne, die Macht der Feenkönigin über ihn zu brechen. Dann entschwand er in dem von Sonnenlicht durchfluteten Wald. Am Abend vor

Allerheiligen schlich Janet sich, wie Tam Lin es ihr aufgetragen hatte, durch den mondhellen Wald zu einer nahe gelegenen Wegkreuzung — einem jener Grenzbereiche, wo bisweilen Feen zu sehen waren — und versteckte sich hinter einem Dornenbusch. Um Mitternacht vernahm sie das Trillern von Pfeifen und die lieblicheren Klänge von Leiern. Ein Licht wie von Tausenden von Glühwürmchen ließ die Wegkreuzung leuchten.

Mit klirrenden Zügeln und Glockengeläut tauchte der Feenzug aus der Dunkelheit auf. An seiner Spitze, hoch auf einem schwarzen Pferd, ritt die Königin, das Antlitz bleich wie Schnee. Ihr folgten vornehme Frauen und Männer mit wallendem Feenhaar und gespenstisch anmutenden, zarten Gesichtern, die dem Mondlicht zugekehrt waren.

Zuletzt erblickte Janet im Halbdunkel Tam Lin und erkannte ihn an den Merkmalen, die er ihr beschrieben hatte: Sein Pferd war weiß wie das Licht des Mondes, er trug nur einen Handschuh, und auf seiner Stirn lag ein goldener Reif. Janet tat, wie Tam Lin ihr

geheißen hatte. Als er an ihr vorüberritt, kam sie aus ihrem Versteck gesprungen und zog ihn von seinem Pferd herunter. Sogleich ertönte ein schriller Feenschrei: „Tam Lin ist fort!" Die Königin brachte ihr Pferd zum Stehen, wandte sich im Sattel um und starrte Tam Lin mit eisigem Blick an.

Der warme Körper des Ritters schien sich in Janets Armen aufzulösen. Sie griff ins Leere und glaubte Tam Lin verloren. Aber er war es nicht: Winzige Füße klopften gegen ihre Handfläche, und ein Salamander versuchte verzweifelt zu entkommen. Ohne zu überlegen, hielt Janet das Tier mit ihren Händen fest umschlossen. Die Augen der Feenkönigin funkelten, und der Salamander wurde größer und größer, bis Janet gewahr wurde, daß sie eine kalte, schuppige Schlange hielt, die sich um ihre Arme und um ihren Hals wand. Sie biß die Zähne fest zusammen und preßte sich mit all der Kraft eines liebenden Herzens gegen die Kreatur. Eine betäubende Kälte kroch in ihr Herz. Doch Janet wich nicht zurück und ließ nicht locker, denn der Ritter hatte ihr gesagt, welche Probe sie zu bestehen hatte: Nur die entschlossene Umarmung einer sterblichen Geliebten um Mitternacht vor Allerheiligen konnte ihn aus seiner Verzauberung erlösen. Die Feenkönigin stieß einen Schrei aus, die Schuppen unter Janets Händen lösten sich auf, und an ihre Stelle traten der dichte Pelz und die glänzenden Zähne eines Bären. Janet zitterte, aber sie hielt dem widerlichen Gestank der Bestie stand und blieb tapfer stehen, die Arme

fest um seinen gewaltigen Körper geschlungen. Mit einem wütenden Schrei hob die Feenkönigin gebietend ihren Arm, und um sich herum hörte Janet ein Geräusch wie von Segeln, die im Wind flattern. Es war ein Schwan, der gegen ihre Umarmung ankämpfte. Sein Schnabel pickte hart gegen ihr Gesicht, und seine gewaltigen Flügel schlugen kraftvoll gegen ihre Arme. Doch Janet gab nicht nach. Und schließlich kündigte sich das Ende des Kampfes an. Dort, wo sich zuvor Schlange, Bär und Vogel zu befreien versucht hatten, war jetzt ein schwerer Eisenstab – doch der Stab war glühend heiß und brannte sich in das Fleisch der Sterblichen. Das war das Ende, und Janet wußte es. Sie entfloh den trappelnden Hufen der Pferde und den furchterregenden Schreien der Feen, lief in den Carterhaugh Wood und warf das Eisen in die Quelle. Es zischte und dampfte; dann herrschte plötzlich Stille.

Aus der Quelle trat ein nackter Jüngling — Tam Lin, der in die Welt der Menschen zurückgekehrt war. Janet nahm ihren Umhang und hüllte ihn darin ein.

Hinter ihnen zügelte die Feenkönigin ihr tänzelndes Pferd und beobachtete die beiden mit eisigem Blick. Der Kampf war entschieden. „Hätte ich geahnt, daß dich eine irdische Frau mit ihrer Liebe abspenstig machen würde, Tam Lin", schrie sie, „so hätte ich dir dein Herz genommen und gegen eines aus Stein ausgetauscht." Dann wandte sie sich um und rief ihre Gefolgschaft herbei. Und im nächsten Augenblick entschwand die Feengesellschaft auf geisterhafte Weise in den Bäumen. Tam Lin und Janet nahmen es der Überlieferung zufolge kaum wahr, denn all ihre Gedanken waren nur von menschlicher Liebe erfüllt.

Kapitel Vier

Der lockende Ruf des Herzens

In der nebligen Jahreszeit, als der Boden von Reif überzogen war und die Bäume kahl und düster dastanden, streifte ein einsamer Ritter durch die hügelige Landschaft Kents. Obgleich er noch jung war, hatte sein Gang etwas Unbeholfenes und Schleppendes. Einst war er ein ansehnlicher Mann gewesen, doch jetzt spannte sich die fahle Gesichtshaut über den Knochen, und seine Augen blickten aus dunklen Höhlen. Der Anlaß seiner Wanderung war eine Begebenheit, die sich im voraufgegangenen Sommer zugetragen hatte. Zu jener Zeit hatte das Land in voller Blüte gestanden: Die Wiesen waren von Schlüsselblumen und wilden Stiefmütterchen übersät, und der Duft von Lavendel erfüllte die Luft. Eines schönen Morgens machte sich der Ritter auf den Weg nach London, um sich dort dem königlichen Heer anzuschließen. Anfänglich ritt er in schnellem Galopp, doch die Wärme der Landstraßen und die Stille, die nur vom Gesang der Amsel und den widerhallenden Rufen des Kuckucks durchbrochen wurde, ließen das Pferd immer langsamer werden, bis es sich schließlich nur noch in gemächlichem Schritt bewegte. Schläfrig und in Gedanken verloren ritt der junge Mann weiter. Er war schon eine ganze Weile so

dahingezogen, als ihn plötzlich ein Flattern, das er neben einer Eiche am Straßenrand wahrnahm, aus seinen Träumen riß. Er rief, wer dort sei, erhielt jedoch keine Antwort. Seine Neugier war stärker als seine Besonnenheit. Er stieg von seinem Pferd und schritt auf den Baum zu.

„Komm hervor", sagte er.

Ein schrilles Lachen war die Antwort.

„Komm hervor", rief der Ritter erneut.

Eine Frau trat leichtfüßig auf die Landstraße und stellte sich vor ihn. Ihr Gewand hatte die Farbe von rosa Blütenblättern und erinnerte an die Morgenröte. Ihr Haupt krönte eine feurige Haarpracht. Scheu wie eine Wildkatze blickte sie den Ritter aus grünen Augen an. Von diesem Augenblick an war der Ritter verloren. Alle Gedanken an König und Vaterland lösten sich in Nichts auf.

Wortlos hielt der Ritter der Fee seinen Arm hin. Bereitwillig, wie es schien, ging sie auf ihn zu, und der Ritter hob sie in den Sattel. In einer Sprache, die er nicht verstand, flüsterte sie dem Pferd etwas zu, das sich daraufhin fügsam vom Pfad abwandte, und während der Ritter nebenher schritt, bahnte es sich seinen Weg zwischen den Bäumen hindurch zu den dahinter gelegenen sonnenbeschienenen Wiesen.

Auf diese Weise vergingen Stunden. Sie überquerten Felder und durchstreiften schattige Wälder. Von Zeit zu Zeit sagte die Fee etwas mit sanfter Stimme. Der Ritter pflückte ihr wilde Blumen, die sie geschickt zu Kränzen wand und sich auf die flutende Haarpracht setzte. Als die Sonne hoch am Himmel stand, fing sie zu singen an und betörte den neben ihr herschreitenden Ritter mit einer Fülle einschmeichelnder Melodien. Sie beugte sich aus dem Sattel und blickte ihm so tief und zärtlich in die Augen, daß er vor Verlangen kein Wort herausbrachte.

Als sie am späten Nachmittag schließlich in einem kleinen Holunderdickicht angekommen waren, sagte die Fee ein Wort in ihrer Sprache, und das Pferd machte halt. Der Ritter hob sie aus dem Sattel, und wieder schaute er ihr in die Augen. Da sah er, daß die Fee von unermeßlicher Traurigkeit erfaßt war. Tränen funkelten in ihren grünen Augen und benetzten ihre Wimpern. Der Ritter küßte die Fee, doch sie befreite sich aus seinen Armen und fing erneut zu singen an. Ihre Stimme umhüllte ihn wie feiner Morgendunst. Die Augen wurden ihm schwer, seine Sinne schwanden, und er sank zu Boden. Einen Augenblick lang sah er das rosafarbene Gewand und die leuchtende Haarpracht der sich zu ihm herunterneigenden Fee, darüber bewegte sich das Blätterdach. Er schloß die Augen und schlief ein.

Er hatte einen düsteren Traum. Er sah eine Reihe Männer, Ritter wie er selbst, aber vom Tod gezeichnet. Ihre trockenen Lippen waren rissig, die geöffneten Münder wirkten wie versteinert, und in den leeren Augenhöhlen lagen dunkle Schatten. Ihre Lippen bewegten sich schwach, und der Ritter hörte, daß die geisterhaften Gestalten seinen Namen riefen. Mit ihren knochigen Fingern winkten sie ihn zu sich heran.

Er erwachte schweißgebadet. Durch die Blätter hindurch starrte er zu den Sternen hinauf. Er war allein. Seufzend schloß er die Augen und schlief erneut ein.

Mit Einbruch der Morgendämmerung erwachte der Ritter ein zweites Mal. Eine Vorahnung, daß ihm entsetzliches Leid bevorstand, hatte ihn ergriffen. Die Fee war fort, sein Herz hatte sie mitgenommen. Er wußte, daß sie ihn für immer verlassen hatte — so gewiß, wie wenn er sie hätte sterben sehen. Er wußte, daß von da an jede Stunde schmerzhaft leer sein würde. Sein Schicksal hatte ihn ereilt — ein Leben voller Sehnsucht, die ohne Erfüllung blieb, Rufe und keine Antwort.

Krank vor Verlangen erhob er sich und nahm die Suche auf. Er durchstreifte das Dikkicht, jedoch ohne ein Zeichen der Fee zu finden. Er überquerte die Wiesen, folgte jedem Pfad, jeder Straße, aber ohne Erfolg.

So vergingen die Tage einer nach dem anderen. Die Blumen blühten, die Ernte wurde eingebracht, und die Vögel verstummten. Noch immer zog der Ritter, dessen hagere Gestalt sich gegen den Winterhimmel abzeichnete, durchs Land — ein Mann ohne Hoffnung, aber voller Verlangen.

Schließlich war er all seiner Kraft beraubt. Er legte sich nieder. Das Stöhnen des Windes und das heisere Krächzen zankender Krähen waren die letzten irdischen Geräusche, die er vernahm, dann starb er.

Die Bauern, die den ausgezehrten Leichnam fanden, sprachen wenig, aber ihre Mienen waren starr und finster. Als sie sich wieder daheim und in Sicherheit befanden, tauschten sie flüsternd ihre Erfahrungen mit dem Feenzauber aus und erinnerten einander an die vielen Sterblichen, die der Feenliebe bereits zum Opfer gefallen waren. Wie die meisten Menschen sprachen sie voller Angst von den geheimnisvollen Kräften, die von der Welt der Feen ausging.

Dennoch war die Anziehungskraft, die in jenen Tagen zwischen dem Reich der Sterblichen und dem der Feen bestand, stark und heftig. Von ihrem Verlangen getrieben, strebten Menschen wie auch Feen danach, die Grenzen, die sie voneinander trennten, zu durchbrechen — in einigen Fällen sogar mit Erfolg. Doch auch Liebe und Leidenschaft reichten nicht aus, um die unsichtbaren Mauern zwischen den beiden Welten durchlässig zu halten. Einander stets begehrend, waren Mensch und Fee auf ewig getrennt. Ihre Liebe war fast immer von Leid und dem Schmerz des Verlustes begleitet.

Trennend wirkten auch die Gebräuche der Sterblichen, die in der Regel gegen alles Fremde gerichtet waren. In jener gefahrvollen Zeit war die Blutsverwandtschaft das einzige, worauf ein Sterblicher sich mit Sicherheit verlassen konnte. Die Namen, die ihnen ihre Mütter oder Väter gegeben hatten, halfen den Männern und Frauen, zu ihrer eigenen Identifikation zu finden und den ihnen gemäßen Platz in der Familienhierarchie einzunehmen. In keltischen Ländern dehnten sich die genauestens verzeichneten Blutsbande auf immer größere Kreise aus. Die Waliser zum Beispiel pflegten ihre Verwandtschaftsbeziehungen bis ins neunte Glied anzuerkennen — daß heißt bis zum Cousin dritten Grades beziehungsweise zu den Urururururururgroßeltern — und die Iren bis ins siebzehnte. Wenn ein Außenstehender ein Mitglied eines Familienclans verletzte, hatte er sich gegenüber sämtlichen Mitgliedern des Clans bis ins letzte Glied zu verantworten, und jeder von ihnen konnte die gebührende Strafe verlangen.

Der Blutsverwandtschaft wurde so große Bedeutung beigemessen, daß bei einer Heirat Probleme entstanden, wenn die Braut oder der Bräutigam nicht aus derselben Familie stammten. Der Fremde, der in eine Familie aufgenommen wurde, galt als eine Art Sicherheitsrisiko, und man zog es vor, ihm gegenüber Abstand zu bewahren. So konnte es beispielsweise vorkommen, daß es Frauen untersagt war, den Namen ihres Mannes zu nennen, da seine Erwähnung ihnen Macht verliehen hätte. Statt dessen benutzten die Frauen Bezeichnungen wie „Mein Herr und Meister". In Fällen, wo der Ehemann zur Familie seiner Frau zog, wurden ihm Verhaltensregeln auferlegt, die ihn von den anderen trennten: Einigen war es verboten, mit den Verwandten seiner Frau zu sprechen, andere mußten im Haushalt in gesonderten Unterkünften leben.

In späteren, weniger gefahrvollen Zeiten setzten sich natürlich auch zwanglosere

Verhaltensweisen durch, doch in ganz Europa spiegelte sich in den Heiratsbräuchen auch weiterhin die Auffassung wider, daß von einem Fremden, der in eine Familie einheiratete, eine Art Bedrohung ausging. In Irland und Wales wurden die Hochzeiten mit Scheinschlachten gefeiert; die Seite des Bräutigams übernahm die Rolle des feindlichen Angreifers und entführte die Braut; dabei hatte der Trauzeuge ursprünglich die Aufgabe, den Bräutigam bei der Entführung zu unterstützen. Oder es wurden, im Nachklang an fast vergessene Traditionen, dem Bräutigam, der eine Braut begehrte, Scheinprüfungen auferlegt: In der Bretagne zum Beispiel verkleideten sich Verwandte der Braut als die Auserwählte, und Aufgabe des zukünftigen Bräutigams war es, die Richtige herauszufinden. In Wales und Rußland bestanden solche Prüfungen oftmals in der Beantwortung von Rätseln.

Bei ihrem Mißtrauen gegenüber Fremden war die Furcht der Sterblichen vor Geliebten aus dem Reich der Feen nicht überraschend. Schließlich gehörten die Feen einer völlig anderen Rasse an und hatten ein unbeständiges, ja widernatürliches Wesen. Dank ihrer außergewöhnlichen Schönheit vermochten die Feen das menschliche Herz im Nu zu fesseln, doch mancher Betörte mußte — wie der Ritter aus Kent — seine Liebe mit dem Tod bezahlen.

Nicht alle todbringenden Feen waren allerdings so widersprüchlich wie die Verführerin aus Kent, die das Unglück beweinte, das sie durch ihre Natur heraufbeschwor. Die Iren zum Beispiel kannten eine Fee, die sie *leanan-side* oder *fairy mistress* nannten; sie zog des Nachts durch Dörfer und Städte und weidete sich an dem Unglück junger Männer, die sich in sie verliebten und die, sobald sie sie in ihre Arme nahm, starben.

Der europäischen Landbevölkerung war bekannt, daß in den Wäldern, Flüssen und Teichen anziehende, aber zerstörerische Feen wie die *vilen* und die Nixen lebten. In Rußland bewohnten die *rusalky* — ebenso begehrenswerte wie gefährliche Feen — Flüsse und Seen. Sie saßen am Ufer, kämmten sich das Haar im Mondlicht und lächelten geheimnisvoll und verführerisch. Niemand, so wurde behauptet, war dagegen gefeit. Selbst asketische Mönche fand man ertrunken in den Gewässern, in denen *rusalky* wohnten.

Doch gab es nicht nur weibliche Feen, deren Liebe tödlich wirkte. In deutschen Sagen zum Beispiel erscheinen neben Wassernixen auch Wassermänner; und auf den Britischen Inseln gab es Berichten zufolge verführerische Elfen, die eine sehr starke Anziehungskraft auf Frauen ausübten.

In irischen Sagen ist von einem anmutigen Elfen mit Namen Ganconer die Rede, der jungen Frauen erschien, die sich leichtfertigerweise allein in die Wildnis hinausgewagt hatten. Sein untrügliches Kennzeichen war die Pfeife, die er rauchte. Doch selbst diejenigen, die davon wußten und denen es hätte Warnung sein müssen, erlagen seinen leuchtenden schwarzen Augen, mit denen er sie anblickte, und seiner einschmeichelnden Stimme, mit der er jene süßen Worte flüsterte, denen er seinen Namen verdankte — *love talker.* Eine Frau, die auf Ganconers Worte hörte und ihn küßte, war verloren. „Wer sich mit dem *love talker* einläßt", lautete ein irisches Sprichwort, „muß bald sein Leichentuch weben." Und das war wahr. Nach kurzen Liebschaften mit sterblichen Frauen verschwand der Elf, da er für eine Zeitlang befriedigt war. Die Frauen dagegen vergingen vor Sehnsucht und starben.

Ein weiteres Feenwesen dieser Art — es wird in zahlreichen schottischen Volksliedern besungen — war ein als sogenannter *demon lover* bekannter Elfenritter. Er war mit ei-

ner Sterblichen verlobt, die er aber für sieben Jahre verließ (warum, weiß niemand). Bevor er ging, versprach sie ihm, treu zu sein. Während seiner Abwesenheit jedoch heiratete sie einen Sterblichen.

Als der *demon lover* zurückkam, machte er der Frau bittere Vorwürfe — und verführte sie dann. Sie verließ Ehemann und Kinder und folgte dem Elf auf sein Schiff, das er für sie bereithielt — eine prächtige Galeone mit Segeln aus Taft und Masten aus gehämmertem Gold. Eine Besatzung war nicht zu sehen. Der Leibeigene des Elfenritters führte sie an Bord. Im selben Augenblick kam ein starker Wind auf, und die Galeone stach in See. Als sie sich drei Meilen von der Küste entfernt hatte, schlug der *demon lover* je einmal gegen die Stenge und den Vordermast. Das Schiff zerbarst und sank und nahm die untreue Frau mit in ein Grab auf dem Meeresgrund.

Trotz ihrer Unerbittlichkeit ist die Rachsucht des *demon lover* für den Menschen noch einigermaßen nachvollziehbar. Es gab im Norden Europas aber auch Elfenritter, die nichts weiter als Zerstörung im Sinn hatten. Junge Frauen, die in sein Zauberreich gerie-

Der Liebe letzte Umarmung

In Rußland standen die *rusalky* — anmutige Feen, die in Flüssen, Bächen und Teichen lebten — in dem Ruf, Männer in ihre Gewässer zu locken, wo diese dann umkamen. Es gab jedoch auch einige, die sich in einen Sterblichen verliebten, und eine *rusalka* verließ sogar ihren See, um einen Prinzen zu heiraten.

Allerdings war die Verbindung an eine Bedingung geknüpft: Die *rusalka* würde nur so lange unter den Sterblichen weilen, wie ihr Gatte ihr treu ergeben war. Doch wie alle Sterblichen gab er ihr Geheimnis nach einer gewissen Zeit preis. Von Kummer überwältigt, verließ ihn die Fee und kehrte in ihren See zurück. Doch der reumütige Prinz machte sie ausfindig, und als er sie vom Ufer des Sees aus rief, war sie sofort zur Stelle. Er kniete nieder, um sie in seine Arme zu schließen. Sie warnte ihn, denn jetzt, da sie dazu verdammt sei, wieder in ihrem nassen Element zu leben, sei sie zu einer Gefahr geworden: Die Umarmung einer *rusalka* brächte den sicheren Tod.

Doch der Prinz überhörte ihre Worte, nahm sie in seine Arme — und starb. Die *rusalka* — durch ihre Bestimmung zur Witwe geworden — war dazu verurteilt, bis in alle Ewigkeit zu trauern.

Kurz bevor der Vollmond aufging, ließen sich wilde Schwäne auf Bergseen nieder und schwammen dort, bis es tiefe Nacht war. Dann stiegen sie ans Ufer, wo sie ihre gefiederten Gewänder abwarfen und als Jungfrauen im Mondlicht tanzten.

ten, waren ihm ebenso hilflos ausgeliefert wie das sterbliche Opfer des *demon lover.* Manchmal verführten die Ritter ihre Opfer nur — was damals für die Frauen, die ihre Ehre verloren, schon Unglück genug bedeutete —, häufiger kam es jedoch vor, daß die Elfen die Sterblichen töteten.

Wenn man den Liedern und Erzählungen aus Deutschland, Skandinavien und Schottland Glauben schenken darf, war es jedoch auch möglich, die Herrschaft jener Elfenritter zu brechen. Eine der Frauen, der dies gelang, war Isabel die Schöne, die vor langer Zeit am Hof ihres Vaters in Nordschottland lebte.

Am Morgen des ersten Tages im Mai saß Isabel allein in ihrem Gemach über ihrem Stickrahmen. Da vernahm sie den leisen, unvergleichlich süßen Klang eines Horns, der von weit her aus dem Elfenland kam. Vor ihr tauchte ein Bild auf — sie sah strahlende Schloßmauern, ruhige Seen und einen Elfenritter, der auf einem mächtigen Schlachtroß saß.

„Wenn dieser Ritter an meiner Seite schliefe", flüsterte Isabel die Schöne . . . Doch sie führte den Gedanken nicht zu Ende.

Es war unklug, einen Wunsch zu äußern, ehe der Laut aus der anderen Welt verstummt war. Noch bevor Isabel ihre Arbeit wieder aufnehmen konnte, erschien im Hof unter ihrem Fenster ein Edelmann. Er ritt auf einem stattlichen Pferd und führte einen schönen Zelter mit sich. Er sah zu ihr hinauf und lächelte bedeutungsvoll.

„Isabel die Schöne", sagte der Edelmann, „Ihr habt gerufen, und ich bin zu Euch gekommen. Wenn Ihr wollt, reitet jetzt mit mir in den Wald." Der Zelter warf den Kopf zurück, so daß die Glocken an seinem Geschirr fröhlich läuteten.

Isabel ließ Nadel und Stickseide zu Boden gleiten. Sie eilte die steinerne Wendeltreppe hinunter in den Hof. Ohne ein Wort zu sagen, bestieg sie den Zelter und galoppierte zusammen mit dem Elfenritter unter lautem Hufeklappern über das Kopfsteinpflaster zum Schloßtor hinaus. Auf ihrem Weg über die Hügel wechselten sie kein Wort. Schließlich erreichten sie einen Wald. Der Elfenritter machte halt. Er beugte sich zu dem Zelter hinüber und sagte: „Isabel die Schöne, steigt jetzt ab. Ihr seid an dem Platz angekommen, an dem Ihr sterben werdet."

Sie starrte ihn an. Völlig ruhig erwiderte er ihren Blick. „An dieser Stelle habe ich sieben Königstöchter erschlagen, Isabel die Schöne", sagte er, „und Ihr sollt die achte sein."

Seine Stimme klang sanft, seine Augen waren klar und ausdruckslos. Isabel glitt aus dem Sattel zu Boden, er schwang sich neben sie. Er gab den Pferden einen Schlag auf die Flanken, und mit herabhängenden Zügeln liefen die Tiere in den Wald hinein.

Plötzlich huschte ein Lächeln über Isabels Gesicht. Mit ihrer kleinen zarten Hand strich sie über den Ärmel des Ritters und bat ihn mit süßer Stimme, sich neben sie zu legen, damit sie sich, bevor sie sterbe, ausruhen könne. Er erfüllte ihr diesen Wunsch. Isabel setzte sich ins Gras, bettete seinen Kopf in ihren Schoß und streichelte sein Haar. Sie murmelte einen Zauberspruch, den ihre Mutter sie gelehrt hatte und der Schlaf bringen sollte, da war der Ritter auch schon eingenickt.

Nach einer Weile öffnete sie vorsichtig seinen Gürtel, nahm in ab und band ihn eben oberhalb der Ellenbogen um seinen Körper, so daß seine Arme an den Seiten festgeschnallt waren. Dann wartete sie, bis die Wirkung ihres kleinen Zauberspruchs

nachließ. Schließlich erwachte der Ritter; sein Kopf lag schwer auf ihren Knien. Er öffnete die Augen und blickte sie schlaftrunken an. In diesem Augenblick hob Isabel den Arm und stach dem Ritter mit seinem eigenen Dolch mitten ins Herz.

Er bewegte sich nicht und gab auch keinen Laut von sich, als der Blutfleck auf seiner Brust immer größer wurde. Aber das Licht schwand aus seinen Augen. Isabel beobachtete ihn, bis sich sein Blick getrübt hatte, dann schob sie ihn von sich.

„Wenn Ihr an dieser Stelle sieben Königstöchter erschlagen habt", sagte sie, „so liegt hier als ihr Gatte." Dann erhob sie sich, wandte dem erstarrenden Leichnam den Rücken zu und machte sich auf den langen Heimweg. Danach hat man von Isabel der Schönen nie wieder etwas gehört.

Sich in einen Elfen zu verlieben bedeutete Gefahr, wie die Geschichte Isabels zeigt. Doch der Gerechtigkeit halber muß auch auf jene Sterblichen und Feen eingegangen werden, die einander nicht nur in sinnlicher Verliebtheit begehrten, sondern in treuer ehrlicher Liebe verbunden waren. Bevor das Schicksal sie ereilte, war es ihnen vergönnt, die Erfüllung ihrer Liebe zu erleben.

So erging es sterblichen Männern, die sich in Schwäne verliebten. Diese Vögel waren so prachtvoll, daß sie seit den Anfängen der Geschichte und in allen Ländern der Welt bewundert wurden. Die Ehrfurcht, die ihnen in so weit voneinander entfernten Ländern wie Rußland und Irland entgegengebracht wurde, spiegelt sich in dem Glauben, daß einen Schwan zu töten den sicheren Tod für den Mörder bedeute. Denn Schwäne waren Wesen, die aus dem Reich der Feen kamen und sich nur vorübergehend in der Welt der Sterblichen aufhielten, wie einige Sterbliche zu ihrer Freude und ihrem Kummer erfahren mußten.

Ein norwegischer Chronist berichtet folgendes: Mit Einbruch der Nacht machte einst ein Jäger an einem Bergsee Rast. Alles war ruhig, nur das Plätschern des Wassers war zu hören. Doch da, kaum wahrnehmbar, vernahm der Jäger einen lieblichen Klang, wie ihn Schwäne während des Fluges erzeugen.

Der Jäger blickte empor. Hoch oben flog ein Schwarm Schwäne – kleine Punkte zunächst, die jedoch rasch größer wurden, je weiter die Vögel herunterkamen. Den Windungen einer Seemuschel vergleichbar, flogen sie in spiralförmigen Kreisen und ließen sich einer nach dem anderen auf der Oberfläche des Sees nieder. Anmutig glitten sie dahin und bogen die langen Hälse, um ihre Spiegelbilder zu betrachten. Schließlich schwammen sie, immer paarweise, auf das Ufer zu, ohne den Jäger zu bemerken, der regungslos, von Bäumen verdeckt, dasaß.

Als die großen Vögel das Ufer erreicht hatten, geschah etwas Merkwürdiges: Ihre Gestalten schimmerten im Zwielicht, und als sie sich an Land begaben, bewegten sie sich nicht wie Schwäne am Erdboden, sondern hüpften leichtfüßig wie Jungfrauen. Sie hatten sich ihrer gefiederten Schwanengewänder entledigt und zogen sie wie wallende Mäntel hinter sich her.

Während der Jäger bewegungslos zusah, ließen die Jungfrauen ihre Gewänder auf den Boden fallen und fingen zu tanzen an — in einer Weise, die ebenso elegant und eindrucksvoll war wie ihre Art, sich auf dem Wasser fortzubewegen. Wie lange sie tanzten und nach welcher Musik, konnte der Jäger später nicht mehr sagen. Als der Vollmond aufging und sein silbernes Licht auf die Haare der Jungfrauen warf, hoben sie ihre gefiederten Gewänder auf und eilten zum See zurück. Dort ließen sie sich, wieder paarweise, ins Wasser gleiten. Sobald ihre Füße mit dem Wasser in Berührung kamen, verwandelten sie sich in weiße Schwäne, die im Mondschein dahintrieben.

Von sehnsüchtiger Liebe nach diesen schönen Geschöpfen erfüllt, kam der Jäger Nacht für Nacht an den See zurück, doch erst einen Monat später, als erneut Vollmond war, ließ der Schwarm sich auf der Oberfläche des Sees nieder. Wieder beobachtete er die Jungfrauen bei ihrer Zeremonie. Doch statt nur zuzusehen, schlich er sich diesmal heimlich heran, während sie in ihren Tanz vertieft waren. So lautlos er konnte, nahm er ein Federgewand vom Boden auf.

Als der Mond aufgegangen war, nahmen die Jungfrauen ihre Gewänder und kehrten an den See zurück. Die letzte jedoch hatte kein Gewand, denn das ihre hatte der Jäger an sich genommen. Sie begann zu suchen, während ihre Schwestern sich am Ufer ängstlich im Kreis bewegten. Da kam der Jäger hinter den Bäumen hervor, und die Schwäne flogen rasch davon. Der Jäger blieb mit der Schwanenjungfrau allein im Mondlicht zurück. Er reichte ihr seine Hand. Sie neigte fügsam ihren Kopf und nahm sie.

Er führte die Jungfrau zu seinem Haus und gab ihr die Kleider sterblicher Frauen. Bald darauf nahm er sie zur Frau. Das Federgewand schloß er in eine Truhe. Er begehrte die Frau, nicht den Schwan, doch scheute er sich, das Gewand, das sie zum Schwan werden ließ, zu vernichten, da es offensichtlich Bestandteil ihres Wesens war.

Die Schwanenfrau war eine treue, liebende Gattin. Sie gebar dem Jäger eine Tochter — ein vollkommenes menschliches Geschöpf, abgesehen von den dünnen, durchsichtigen Häuten zwischen den kleinen Zehen —, und es schien, daß sie ihre Tochter innig liebte. Der Jäger gewöhnte sich an die Schweigsamkeit seiner Frau, die niemals ein Wort sprach, und nahm es hin, daß sie stundenlang an dem See saß, an dem er sie gefunden hatte. Sie schien nicht müde zu werden, auf das Wasser zu blicken. Im Frühjahr und im Herbst, wenn über ihrem Haus der Flügelklang vorüberziehender Schwäne ertönte, füllten sich ihre Augen mit Tränen, und so gut er es vermochte, tröstete der Jäger seine Frau mit der Liebe eines Sterblichen.

So vergingen die Jahre in Frieden, und der Jäger hatte das Schwanengewand fast vergessen. Eines Tages jedoch öffnete er die Truhe und sah es sich noch einmal an. Seine Frau sah es ebenfalls, aber sie sagte natürlich nichts. Sie nahm ihre kleine Tochter in die Arme und beobachtete schweigend, wie ihr Gatte die Truhe wieder verriegelte und den Schlüssel fortlegte.

Beim nächsten Vollmond verließ die Schwanenfrau ihre Familie. Als der Jäger heimkam, fand er das Feuer erloschen und das Haus kalt. Seine Tochter spielte allein auf

Hochzeit mit einer Schlangenbraut

Chronisten früherer Zeiten berichten von sogenannten Lamien, unheilbringenden Feengeschöpfen, die oft abstoßende Gestalt, wie die einer gräßlichen Schlange oder eines Ungeheuers mit Schuppen und Klauen, annahmen. Am gefährlichsten aber waren die Lamien vermutlich, wenn sie als schöne Frauen in Erscheinung traten. Ihr liebevolles Wesen und ihre sehnsüchtig hingebungsvolle Liebe zu den Sterblichen konnten nicht darüber hinwegtäuschen, daß die Lamien die dunkelste Seite des Feenwesens verkörperten.

In der Nähe von Korinth lebte einst ein junger Mann namens Lycius, der einer Frau von so strahlender Schönheit und liebreizender Anmut begegnete, daß sein Herz im Nu gefangen war. Voller Verlangen blickte sie ihn an, und es dauerte nicht lange, da wurde die Frau die Geliebte des Jünglings. Ihre gemeinsam verbrachten Stunden waren erfüllt von Glück und Freude, und Lycius beschloß, sie zu seiner Frau zu nehmen.

Er richtete ein glanzvolles Hochzeitsfest aus. Doch als die Feierlichkeiten ihren Höhepunkt erreichten, sah er, daß seine Braut immer blasser wurde und einer Ohnmacht nahe schien. Sie zitterte am ganzen Leib, und ihr Atem ging in zischenden Stößen. Er wollte ihr zu Hilfe eilen, doch sie gestikulierte nur stumm in Richtung eines alten Mannes, der inmitten der Gäste stand. Der Mann war Lycius' Ratgeber, ein Philosoph, der ihm stets treu zur Seite gestanden hatte. Dessen finsterer Blick war wie gebannt auf die Braut geheftet.

Schließlich wandte der schaudernde Weise sich an Lycius und sagte: „Ich kann nicht mit ansehen, wie Ihr die Beute einer Schlange werdet. Diese Schlange dort wird Euch töten."

Ein gellender Schrei drang durch den mit Menschen angefüllten Raum. Die Frau krümmte sich, und an der Stelle, wo sie gestanden hatte, sahen die Gäste es gold und grün glitzern – die Schuppen einer Schlange, die wie Juwelen schimmerten. Einen Augenblick später war die Braut entschwunden.

Doch die Warnung des Philosophen kam zu spät. Seiner Liebe beraubt, starb Lycius. Sein Hochzeitsgewand wurde zu seinem Leichenhemd.

dem Boden neben der geöffneten Truhe — sie war leer. Im selben Augenblick vernahm er den vertrauten Klang des Flügelschlages, und als er mit seiner Tochter auf dem Arm an die Tür trat, erblickte er über sich einen Schwarm Schwäne. Die großen, weißen Vögel zogen ihre Kreise über seinem Haus und flogen dann davon.

Den Rest seines Lebens verbrachte der Jäger allein mit seiner Tochter. Er nahm sich keine neue Frau, da keine Sterbliche es mit der Schwanenfrau aufnehmen konnte. Und obwohl er jahrelang Ausschau hielt und geduldig wartete, sah er die verzauberten Schwäne niemals wieder.

Die Schwanenfee hatte die Liebe des Jägers auf ihre sanfte Art erwidert. Aber sie war ein wildes Geschöpf, das sich im Hause gefangen fühlte und in der Welt der Sterblichen sich stets nach ihresgleichen sehnte.

So verhielt es sich oft mit den Elfen, die ein Leben in Freiheit gewohnt waren. In Shropshire erzählte man sich von einem Rittersmann, der bitter dafür büßen mußte, daß er eine Fee entführt und gefangengenommen hatte. Sein Name war Edric, und seine Geschichte verlief folgendermaßen:

Eines Nachmittags ritt Edric zur Jagd aus, und dabei verirrte er sich im Wald. Die Nacht brach herein, und er ritt stundenlang durch die Finsternis. Schließlich erreichte er einen Palast, der festlich erleuchtet war. Durchs Fenster erblickte er tanzende Jungfrauen, die größer und liebreizender waren als alle sterblichen Jungfrauen, die er bis dahin kennengelernt hatte. Eine von ihnen überragte alle und war noch anmutiger als die übrigen. Von Verlangen überwältigt, drang Edric in den Palast ein und riß sie aus den Reihen ihrer Schwestern, obwohl diese sich, so gut sie konnten, zur Wehr setzten.

Im Morgengrauen ritt Edric mit seiner Braut heimwärts. Doch all seine Liebeswerbungen vermochten die Fee nicht dazu zu bewegen, ihn anzusehen oder mit ihm zu sprechen. So vergingen drei Tage. Schließlich wandte sie sich ihm zu und sagte: „Ihr habt mich gefangengenommen und zu Eurer Frau gemacht, und ich muß bei Euch ausharren. Doch solltet Ihr jemals meine Schwestern oder den Palast, aus dem ich komme, erwähnen, erhalte ich meine Freiheit zurück, und Ihr müßt sterben."

So blieb die Fee bei Edric. Von Zeit zu Zeit verschwand sie, was der Sterbliche, so geduldig er konnte, ertrug, denn sie kam jedesmal wieder zurück. Eines Tages machte ihn ihre Abwesenheit jedoch eifersüchtig, und Edric warf seiner Frau vor, daß sie ihre Schwester mehr liebe als ihn und daß es doch eigentlich andersherum sein müsse.

Sofort machte die Fee ihre Drohung wahr und verschwand, um endgültig zu ihren Schwestern zurückzukehren. Edric starb bald darauf, und es hieß, daß sie noch einmal gekommen sei, um seine Seele zu fordern. Für alle Zeiten war Edric zu einem ruhelosen Dasein im Reich der Feen verdammt. In regelmäßigen Abständen führte er ein bewaffnetes Heer durch England, und wer diese Gesellschaft sah, deutete es als Kriegsomen.

Es gab auch Feen, die ihrer eigenen Welt weniger verhaftet waren als Edrics Braut. Sie liebten Sterbliche aus ihrem eigenen freien Willen heraus und konnten umworben und gewonnen werden. Trotzdem unterlagen solche Heiraten Bestimmungen, die — wie die symbolischen Rituale bei den Heiraten nicht miteinander verwandter Sterblicher — dazu dienten, den verschiedenartigen Charakter von Mann und Frau hervorzuheben. So war es — aus Gründen, die nicht bekannt sind — einem sterblichen Mann, der eine Fee zur Frau nahm, mitunter verboten, diese mit Eisen zu berühren, was nach Auffassung der

Feen einem Bannfluch gleichkam. Ebenso konnte es — wie im Falle von Edrics Frau —, verhängnisvoll sein, von ihrer Herkunft zu sprechen oder ihr auch nur den kleinsten Schlag zu versetzen. Und diese Bestimmungen besaßen nicht nur symbolischen Wert, sie bedeuteten vor allem Macht. Wie lange der Aufenthalt einer Fee in der Welt der Sterblichen dauerte, hing von der strikten Einhaltung der Bestimmungen ab.

Auf Schloß Argouges in Frankreich zum Beispiel lebte ein Edelmann, der eine Fee liebte. Sie erwiderte seine Liebe und willigte in eine Heirat unter der Bedingung ein, daß er in ihrer Gegenwart niemals das Wort „Tod" ausspreche. Dies schien eine einfache Aufgabe. Aus der Ehe, die sehr glücklich wurde und lange dauerte, ging eine stattliche Anzahl prächtiger Kinder hervor. Eines Tages jedoch hielt sich die Fee — sie schien ein wenig eitel — recht lange bei ihrer Kleidung auf. Als sie schließlich in der Halle des Schlosses erschien, empfing ihr Gatte sie mit einem Sprichwort. „Madame", sagte er, „Ihr wärt ein ausgezeichneter Bote, um den Tod herbeizurufen, denn Ihr braucht lange, bis Ihr Euer Geschäft zu Ende geführt habt." Kaum hatte er das gesagt, fing die schöne Frau an zu wehklagen und verschwand. Die einzige Spur, die sie zurückließ, war ein Abdruck ihrer Hand am Schloßtor.

So war es immer. Mochte der Preis, den die Liebe, die zwei Welten umspannte, zunächst auch gering erscheinen, so war er doch oftmals so hoch, daß ein Sterblicher ihn nicht bezahlen konnte. Dennoch wurden die — wenngleich nur kurze Zeit währenden — Freuden einer solchen Liebe jahrhundertelang in Erinnerung behalten, wie eine Sage aus Wales beweist.

In der Nähe der Black Mountains lag der kleine See Llyn Y Fan Fach, an dessen Ufern ein Bauer aus der Umgebung sein Vieh weiden ließ. Eines frühen Morgens machte er eine merkwürdige Beobachtung. Aus dem Nebel über der Wasseroberfläche kam ein goldener Schimmer. Als die Sonne höherstieg und sich der Nebel auflöste, verwandelte sich der Schimmer in eine schöne Jungfrau. Sie schwebte dicht über der Wasseroberfläche, hatte den Kopf ein wenig geneigt, so daß sie ihr Spiegelbild betrachten konnte, und kämmte ihr goldenes Haar. Der Bauer machte eine Bewegung, und die Jungfrau hob den Kopf. Als sie den hochgewachsenen jungen Mann am Ufer erblickte, schenkte sie ihm ein süßes Lächeln.

Der Bauer war wie verzaubert. Die Jungfrau war eine *gwragedd annwfn*, eine Seefee, die den Sterblichen, im Gegensatz zu den gefährlichen Wassergeistern anderer Länder, sehr zugetan war. Mit klopfendem Herzen — denn die Fee war von außerirdischer Schönheit — streckte der Bauer die Hände aus und bat sie flehentlich, zu ihm ans Ufer zu kommen. Als Geschenk bot er ihr das einzige, was er bei sich hatte — einen Laib Brot, die grundlegende Nahrung der Sterblichen.

Die Fee schüttelte den Kopf. „Euer Brot ist zu hart", sagte sie. Sie lächelte noch einmal, bevor sie im See untertauchte und nichts als einen goldenen Schimmer auf der Wasseroberfläche zurückließ.

Als der Bauer am folgenden Tag wiederkam, fand er die Fee, die sich sanft über die Wellen des Sees dahintreiben ließ. Er brachte einen Laib ungebackenes Brot, den sie aber nicht nahm, da er ihr zu weich war. Wieder verschwand sie unter der Wasseroberfläche.

Am dritten Tag brachte der Bauer einen Brotlaib, der den Wünschen der Fee genau entsprach — nicht mehr ganz roh, aber auch nicht ganz durchgebacken. Als er den See erreichte, rührte sich an der Oberfläche nichts, doch als er sein Geschenk darbot, tauchte aus den Tiefen des Wassers ein alter Mann mit

Ein Elf als Retter

Wenn man den alten Sagen Glauben schenken darf, gab es einst Feen, die mit der Aufgabe betraut waren, die Rechtlosen unter den Menschen zu verteidigen. Diese tapferen, liebevollen Wesen heirateten bisweilen Sterbliche. Doch waren auch sie nicht gegen das Unheil gefeit, das durch menschliche Unzulänglichkeit heraufbeschworen wurde. Ein solches Schicksal widerfuhr auch dem Ritter vom Schwan.

In Flandern wurde das Waisenmädchen Elsam, Erbin großer Ländereien, der Obhut eines Ritters namens Telramund unterstellt. Der ehrgeizige, mit nur wenig Skrupeln behaftete Mann plante, sein Mündel zu heiraten, um so an das Erbe zu gelangen. Er behauptete, sie habe ihm ihre Hand versprochen, was sie jedoch aufs heftigste abstritt. All sein Werben beantwortete sie stets mit Verweigerung.

Schließlich wurde die Angelegenheit vor den deutschen Kaiser in Antwerpen gebracht. Er verfügte, daß die Auseinandersetzung durch einen Kampf entschieden werden sollte. Telramund sollte gegen den Beschützer Elsams kämpfen — falls sich jemand bereit fand, diese Aufgabe zu übernehmen.

In diesem Augenblick begannen auf Monsalvatsch, einer fernen verzauberten Insel, die Glocken der Gralsburg zu läuten. Die Ritter versammelten sich zu einer Beratung, und schließlich machte sich einer von ihnen auf die Reise.

An dem vereinbarten Tag kam das Gericht an der Schelde zusammen. Der Herold forderte einen Mann, der für Elsam zu kämpfen bereit war. Als seine Trompete verstummte, trieb ein Schiff, von einem Schwan gezogen, den Fluß herauf. Es kam von Monsalvatsch und brachte einen Ritter, der das Mädchen verteidigen wollte. Die beiden Männer traten zum Kampf an, und den ganzen Nachmittag lang war das Klirren aufeinanderprallender Stahlklingen zu vernehmen. Am Ende des Tages hatte der Ritter vom Schwan Telramund zu Boden gestreckt.

Elsam heiratete ihren Retter und war ihm viele Jahre lang in treuer Liebe ergeben. Doch er blieb ihr ein Fremder, denn die Ehe war unter der Bedingung geschlossen worden, daß sie niemals nach der Herkunft ihres Gatten fragte. Schließlich brach sie ihr Versprechen, indem sie sich nach seinen Vorfahren erkundigte. Traurig wandte der Elf sich von ihr ab und seufzte. Er führte Elsam ans Ufer der Schelde und berichtete ihr dort von der Gralsburg. Während er sprach, erschien das von einem Schwan gezogene Schiff. Der Ritter begab sich an Bord, und während sein schmerzerfüllter Blick den Windungen des Flusses folgte, trug das Schiff ihn für immer aus Elsams Leben fort.

langem Bart auf. Er wurde von zwei goldenen Jungfrauen begleitet.

Unbewegt betrachtete der alte Mann den Bauern und sagte schließlich zu ihm: „Die Jungfrau, die du begehrst, soll dein sein, wenn du herausfindest, um welche meiner beiden Töchter es sich handelt."

Diese Aufgabe klang wie eines jener Rätsel, vor die Sterbliche bisweilen vor ihrer Hochzeit gestellt wurden, nur war sie ungleich schwieriger, da die beiden Frauen, die vor dem Bauern standen, einander zum Verwechseln ähnlich sahen.

Er betrachtete sie genau und suchte nach einem Anhaltspunkt. Er besah sich ihr Haar, ihre Gesichter und ihre fließenden Gewänder, konnte aber keinen Unterschied feststellen. Sein Blick fiel auf die Wasseroberfläche, wo sich die Säume ihrer Gewänder kräuselten. Unter dem Kleid der einen Jungfrau lugten zwei kleine Schuhe hervor. Der Bauer bemerkte sie und traf seine Entscheidung.

Nach einer Pause sagte der alte Mann schließlich: „Du hast gut gewählt. Sie ist die Jungfrau, die du liebst, und du kannst sie zu deiner Frau nehmen. Aber behandle sie gut. Wenn du sie öfter als dreimal grundlos schlägst, nehme ich sie wieder zu mir." Der Bauer versprach, gut für seine Frau zu sorgen. Der alte Mann und die Schwester der *gwragedd annwfn* verschwanden wieder im See.

Flink wie eine Libelle bewegte sich die *gwragedd annwfn* dem Ufer zu. Sie rannte geradewegs in die Arme des Bauern und schenkte ihm ihr liebliches Lächeln.

Die beiden heirateten und wurden sehr glücklich. Die Jahre vergingen, und die Fee gebar ihrem Gatten drei prächtige Söhne, die später einmal Ärzte mit außergewöhnlichen Fähigkeiten werden sollten.

Bisweilen jedoch legte die *gwragedd annwfn* ein merkwürdiges Verhalten an den Tag, was ihren Gatten, der ansonsten sehr glücklich mit ihr war, störte. Sie fiel in Trance und sprach mit Wesen, die er nicht sehen konnte. Und sie tat auch noch andere Dinge.

Als das Paar zur Taufe eines Nachbarkindes ging, weinte die *gwragedd annwfn* ununterbrochen. Eine Taufe war für eine Fee eine traurige Angelegenheit. Mit der Verleihung eines sterblichen Namens wurde die jedem Menschen angeborene Verbindung zur anderen Welt durchtrennt. Aber der Bauer verstand nicht, und aus Scham über das Verhalten seiner Frau tadelte er sie, indem er sie ganz leicht auf den Arm schlug.

„Das war der erste Schlag", sagte die *gwragedd annwfn* nur.

Sie gingen zu einer Hochzeit, und während alle anderen um sie herum fröhlich waren, weinte die Fee. Auf einer Beerdigung lachte sie. Für sie lagen bei jeder Gelegenheit Trauer und Freude dicht beieinander, und die Angst vor dem Urteil anderer, die das Verhalten so vieler Sterblicher bestimmte, war ihr unbekannt. Doch der Bauer sah nur, daß seine Frau ihn vor den Leuten blamiert hatte. Nach der Hochzeit beschimpfte er sie, weil sie geweint hatte, und schlug sie dann.

„Das war der zweite Schlag", sagte die Fee. „Gib acht, wie du mich behandelst, wenn du willst, daß ich bei dir bleibe." Doch der Bauer vergaß die Warnung, und als die Beerdigung vorüber war, schlug er sie wieder.

„Das war der dritte Schlag", sagte die Fee. „Jetzt muß ich wieder in den See gehen." Und sie weinte bitterlich, als sie ihrem Gatten, der sie verraten hatte, einen letzten Blick zuwarf.

Da endlich begriff der Bauer, was er angerichtet hatte und welchen Preis er dafür zahlen mußte. Tränen rannen ihm über die Wangen, als er zusah, wie die Fee das Haus verließ und sich zu dem See aufmachte, wo er ihr zum erstenmal begegnet war.

Er sah seine Frau niemals wieder und verbrachte den Rest seines Lebens allein. Die *gwragedd annwfn*, so wurde behauptet, besuchte öfters ihre Söhne, solange sie noch jung

Der heimliche Liebhaber

In der Bretagne berichteten Sänger von einem Elfenritter und einer Sterblichen, deren Liebe Freud und Leid überdauerte. Einst, so beginnt die Sage, lebte ein reicher, übelgesinnter Edelmann, dessen Lieblingsbeschäftigung die Jagd und das Töten waren. Auf seine alten Tage hielt er nach einer Braut Ausschau und fand — dank seines ansehnlichen Besitzes an Gold — auch bald eine aus begüterter Familie. Die Jungfrau war so zärtlich und liebreizend, daß der eifersüchtige Edelmann sie in einen Turm einsperren und bewachen ließ.

Es vergingen sieben lange Jahre, und die junge Frau lebte ohne jede Hoffnung dahin. Ihre einzigen Besucher waren ihre Bewacher und ihr betagter Gatte. Aus der unglücklichen Verbindung ging kein Kind hervor, und die Frau litt unsägliche Qualen und verfiel zusehends.

In ihrer Einsamkeit träumte sie voller Sehnsucht von den Damen am Hof ihres Vaters und ihren feurigen Liebhabern — wie sehr sehnte sie sich nach einer ebensolchen Liebe. Eines Morgens schließlich, als die ersten Sonnenstrahlen in ihr Turmzimmer drangen, ließ sie ihren Wunsch nach einem Liebhaber, der ihr kaltes Gefängnis wärmte, verlauten. Da kam ein Windstoß durch das Fenster, und Augenblicke später ließ sich ein Falke auf dem Sims nieder. Während die Frau den Vogel staunend betrachtete, wurde seine Gestalt zunehmend blasser und löste sich in der klaren Luft auf. Sie schloß die Augen, und als sie sie wieder öffnete, stand vor ihr ein wunderschöner Mann. „Ihr braucht Euch vor mir nicht zu fürchten", sagte er mit sanfter Stimme. Er erzählte ihr, daß er ein Prinz aus einem anderen Land sei, und sagte, er habe sie vor langer Zeit einmal gesehen und sei ihr seitdem in Liebe zugetan; nun habe ihn ihr laut geäußerter Wunsch hierhergeführt. Da schenkte die junge Frau ihm ihr Herz.

Von diesem Tag an rief sie den Prinzen herbei, wann immer sie konnte, und er kam aus seinem Land zu ihr. Einer lieblichen Rose gleich, begann sie in jener Zeit der Leidenschaft zu erblühen.

Als der Edelmann sah, wie glücklich seine Frau mit einem Mal war, schöpfte er Verdacht und ließ sie überwachen. Als er von dem Falken-Prinzen erfuhr, ersann er eine Falle. Bevor am folgenden Tag die Sonne aufging, rief die junge Frau ihren Liebhaber herbei. Sie vernahm den Windstoß und dann einen Schrei: Heftig blutend lag der große Vogel da — auf Dorne gespießt, die im Fensterrahmen versteckt angebracht waren. Als es dem Falken schließlich gelang, sich zu befreien, machte er sich, nur mit Mühe des Fliegens fähig, auf den Heimweg. Ohne zu zögern, sprang die Frau aus dem Fenster und überstand — zu ihrer eigenen Überraschung — den Sturz unversehrt. Der blutigen Spur des Falken folgend, durchquerte sie Wald und Feld, bis sie einen hohen Hügel erreichte, in dem eine dunkle Höhle lag. Sie trat durch den Eingang in die Finsternis und kam endlich in ein wunderschönes Land, dessen Wie-

sen von Flüssen, auf denen Segelboote fuhren, gesäumt wurden. Der Weg, dem sie folgte, führte zu einer Stadt mit zahlreichen Türmen. Sie passierte das Tor eines dieser Türme, und über die wie ausgestorben daliegenden Straßen kam sie an einen Palast. Darinnen fand sie den sterbenden Prinzen. Als er sie erblickte, ging ein Leuchten über sein Gesicht. Er sagte ihr, daß sie ihm einen Sohn gebären werde und daß der Knabe in ihrem Land aufwachsen solle. Um sie vor dem Zorn ihres Gatten zu bewahren, steckte der Prinz ihr einen Ring an den Finger, der bewirkte, daß der alte Edelmann alles Geschehene vergaß. Kurz bevor er starb, reichte der Prinz seiner Geliebten ein mit Juwelen besetztes Schwert; damit sollte ihr Sohn eines Tages den Tod seines Elfenvaters rächen.

Alles geschah, wie der Prinz es vorhergesagt hatte. Es verging Jahr um Jahr, und als der Sohn herangewachsen war, erschlug er den alten Edelmann mit dem Feenschwert. Die unglückliche Frau aber starb an ihrem Kummer.

waren, und verschwand erst endgültig, als sie das Erwachsenenalter erreicht hatten.

So wie der Gatte der Seefee verhielten sich alle sterblichen Männer – und auch Frauen. Immer wieder wurden die Bedingungen, an die die Heirat mit einer Elfe geknüpft war, von seiten des sterblichen Ehepartners verletzt – sei es aus Dummheit, Neugier, Mißtrauen oder Leichtsinn. Es war, als ob der Umstand der Sterblichkeit verlangte, daß auf Freude Leid folgte. Und wie die Geschichte der Melusine zeigt, konnte das Leid, das durch die Heirat mit einer Fee verursacht wurde – im Gegensatz zur Freude – über Generationen andauern.

Für die Geschichte der Melusine ist es notwendig, mit ihrer Geburt und dem Unglück ihrer frühen Jahre zu beginnen. Genaugenommen war sie nur eine halbe Elfe: Ihre Mutter war die Quellenfee Pressina, ihr Vater war ein Sterblicher, nämlich Elinus, der König von Albany, dem späteren Schottland. Pressina willigte erst in eine Ehe mit dem König ein, nachdem er sich mit ihrer Bedingung, sie niemals im Kindbett zu sehen, einverstanden erklärt hatte.

Elinus brach sein Gelübde an dem Tag, als seine Frau drei schönen Töchtern – Melusine, Melior und Plantina – das Leben schenkte. Die Fee mußte ihn daraufhin verlassen. Mit ihren drei Töchtern floh sie auf eine Feeninsel, angeblich nach Avalon.

Die Jahre vergingen, und als die Töchter herangewachsen waren, erzählte die einsame Mutter ihnen von Elinus und seinem gebrochenen Schwur. Während sie sprach, beweinte sie die Liebe, die sie verloren hatte. Kaum daß die Töchter ihre Feenkräfte vollständig entwickelt hatten, nahmen sie Rache an ihrem Vater. Sie lockten ihn in eine Gebirgshöhle in Northumbria und verschlossen sie mit einem Netz aus Zaubersprüchen, so daß er bis ans Ende seiner Tage als Gefangener im Dunkeln leben mußte.

Als Pressina davon erfuhr, wehklagte sie vor Kummer und Zorn und verhängte schwere Strafen über ihre Töchter. Die Schicksale der jüngeren Töchter, Melior und Plantina, sind für den Verlauf der Geschichte ohne Bedeutung. Die älteste Tochter, die auch die Anführerin war, belegte die Mutter mit folgendem Fluch: Melusine wurde dazu verdammt, sich jeden Samstag für vierundzwanzig Stunden von der Hüfte an abwärts in eine Schlange zu verwandeln. Außerdem sollten ihr die Freuden der Liebe versagt bleiben, sofern sie nicht einen Liebhaber fand, vor dem sie ihre zeitweise Entstellung verbergen konnte und der damit einverstanden war, sie an dem Tag ihrer Bestrafung nicht besuchen zu dürfen. Willigte der Liebhaber aber ein und brach dann sein Wort, so fügte die Mutter noch hinzu, so sollte sich Melusine für immer in eine geflügelte Schlange verwandeln, die unter unsäglichen Qualen in ewigem Flug zubrachte.

Die Geschichte von Melusines Ehe beginnt im Westen Frankreichs, wohin die Fee entweder geflohen oder von ihrer Mutter geschickt worden war, um im Wald eine Quelle zu bewachen, die Quelle des Durstes oder Lusinia genannt wurde. Melusine vertrieb sich die Zeit dort, indem sie in der Quelle badete oder Feenlieder sang. Gelegentlich erhielt sie Besuch von einer Waldfee. An Samstagen zog sie sich hinter die Bäume zurück, um ihre beschämende Strafe vor Besuchern des Waldes zu verbergen.

Doch monatelang war niemand erschienen, bis eines Tages schließlich ein junger Mann in die Lichtung trat. Er erblickte die Quelle und vernahm das wohlklingende Rauschen herabfallenden Wassers. Am Rand der Quelle, vom Schatten der Blätter halb verdeckt, gewahrte er Melusine und hörte ihr wehmütiges Lied.

Er war entzückt von der schönen Jungfrau. Auch Melusines Herz war im Nu gefangen, und sie bedauerte ihr gräßliches Schicksal. Doch der junge Mann kniete sich neben sie, streichelte ihre Hand und sprach so besänftigend, daß Melusine sich bald beruhigte. Er erfuhr, daß sie eine Quellenfee war und bot ihr Herz und Hand.

Melusine willigte ein. Nach einigem Zögern nannte sie ihm die Bedingung, die ihnen auferlegt sei — daß er sie jeden Samstag allein lassen müsse. (Den Grund verriet sie nicht.) Der junge Mann hatte ein vertrauensvolles Herz und gab ihr sein Wort.

Auf diese Weise wurde, nach Aussage der Chronisten, die große Familie der Lusignan gegründet. Melusine sollte die Vorfahrin zahlreicher Grafen und Könige werden, denn ihr Bräutigam war Raymond, Sohn des Grafen von Forez. Nach der prachtvollen Hochzeit hatte er das Glück auf seiner Seite. In der Nähe von Poitou baute er die Festung von Lusignan. Es wird behauptet, sie sei mit Hilfe der Fee in drei Nächten errichtet worden, doch das ist ziemlich unwahrscheinlich. Andere meinen, die Festung sei nach der Quelle der Fee, Lusinia, benannt, was durchaus möglich ist.

Mit ihren zahlreichen Türmen erhob sich die vor Gold glänzende Festung über den bewaldeten Bergen. In ihrem Innern bot sich aller Luxus eines Palastes: Die Wände waren im *mille-fleurs*-Stil bemalt, und die Wandbehänge in den Bogengängen waren so fein gestickt, wie nur eine Fee dazu imstande war. Raymond war von jetzt an Herr von Lusignan.

Melusine und Raymond verbrachten miteinander viele glückliche Jahre. Sie war heiter

In einem Wald in Frankreich kam der Ritter Raymond an eine Quelle, die von Feen bewacht wurde. Die lieblichste von ihnen war Melusine, die sein Herz sofort gefangennahm.

zu verwandeln, wurde Melusine Raymonds Frau.

und unbeschwert, von ihr gingen Frohsinn und Glück aus. Während all der Jahre hielt Raymond sich an sein Versprechen: Jeden Freitag ließ er kurz vor Mitternacht seine Frau allein in ihrem Turmzimmer und kam erst vierundzwanzig Stunden später mit dem Glockenschlag zurück.

Nur eines bereitete ihnen Kummer: Melusine gebar — vielleicht aufgrund des Fluches ihrer Mutter — eine Reihe mißgebildeter Kinder, sämtlich Söhne. Der erste Sohne hatte ein rotes und ein blaues Auge — keine erhebliche Entstellung, aber ein Zeichen dafür, daß in seinen Adern außerirdisches Blut floß. Das Gesicht des zweiten war rot wie Feuer, bei dem dritten saß ein Auge tiefer als das andere. Der nächste war durch eine Narbe auf der Wange, die einer Löwenklaue ähnelte, auf abscheuliche Weise verunstaltet. Der nächste Knabe hatte nur ein Auge. Beim sechsten ragte ein Zahn wie bei einem Wildschwein an der Seite aus dem Mund; er wurde Geoffroy au Grand Dent — Geoffroy mit dem Großen Zahn — genannt. Dem siebten Sohn — Fromont — wuchs ein dickes Büschel Haare aus der Nase, und der achte hatte drei Augen. Nur die beiden zuletzt geborenen Knaben waren normale Kinder.

Aber sie konnten Melusine nicht darüber hinwegtrösten, daß sie einen entstellten Sohn nach dem anderen geboren hatte. Es wurde getuschelt — zunächst nur unter ihren Zofen, dann in den Gängen des Palastes und schließlich im ganzen Land. Böse Zungen meinten, daß das Blut der Fee die sterbliche Linie zerstöre; andere behaupteten, daß sie an den Samstagen, die sie allein verbrachte, Ehebruch beging und daher nur Dämonen zur Welt brachte.

Schließlich schenkte Raymond aus Verzweiflung über seine entstellte Nachkommenschaft seinen Verwandten Gehör und brach das Gelübde, das er seiner Frau gegeben hatte. Wie immer ließ er Melusine an einem Freitag um Mitternacht allein. Doch statt sich in seine Gemächer zurückziehen, versteckte er sich, so daß er sie beobachten konnte. Das war nicht schwierig, denn Me-

Als der Burgherr von Lusignan das Geheimnis seiner Frau entdeckte, sagte er kein Wort, denn er liebte sie sehr. Doch es kam der Tag, da er sie verriet. Als der gräßlichste ihrer mißgestalteten Söhne seinen Bruder in einer Feuersbrunst umkommen ließ, verfluchte der Gatte in seinem Kummer das Schlangenwesen seiner Gemahlin.

lusine vertraute ihm so sehr, daß sie alle Schlösser und Riegel offenließ.

Was er in jener Nacht zu sehen bekam, brachte ihn fast um den Verstand. Seine Frau kroch zu dem Bad, das bereits vorbereitet war. Ihre Schultern, Arme und Brüste waren so liebreizend, wie er sie kannte, doch an den Hüften war die Haut rissig und hatte eine grünliche Färbung, und weiter unten glänzte der schuppige, gewundene Schwanz einer Schlange. Melusine verbrachte den ganzen Tag im Bad. Die schweren Lider senkten sich über die funkelnden Augen. Von Zeit zu Zeit zuckte zwischen ihren wohlgeformten Lippen eine lange Zunge hervor, und Melusine stieß einen hungrigen, zischenden Laut aus.

Raymond ging, so geräuschlos er konnte, und schwieg, denn er wußte, er hatte die Frau, die er liebte – und er liebte sie noch immer – verraten.

So hätte es jahrelang weitergehen können – Raymond bewahrte sein Geheimnis und Melusine das ihre –, wäre Geoffroy mit dem Großen Zahn nicht gewesen. Er war so grausam und bösartig, wie seine entstellte Erscheinung vermuten ließ, und versetzte seine Umwelt mit Morden und Plünderungen in Angst und Schrecken. Er steckte das Kloster, in das sein Bruder Fromont sich zurückgezogen hatte, in Brand, und hundert Mönche kamen dabei um.

Als Raymond die Schreckensnachricht erhielt, befanden er und einige Höflinge sich gerade im Gemach seiner Frau. In seinem Gram wandte er sich zu ihr um und schrie: „Geh, du abscheuliche Schlange, Verderbnis meiner Kinder."

Melusine keuchte und wurde bleich. Sie schwankte und sank zu Boden. Die Höflinge versammelten sich um sie herum. Als sie wieder zu sich kam, füllten ihre Augen sich mit Tränen. Sie ging zum Fenster, setzte einen Fuß auf den Sims (ihr Fußabdruck, so heißt es, soll dort Jahrhunderte später noch sichtbar gewesen sein), warf ihrem Gatten einen letzten Blick zu und sprang in die Luft.

Die Höflinge drängten zum Fenster, doch im Hof unten lag kein Leichnam. Sie warteten schweigend – da vernahmen sie einen heulenden Schrei über sich und sahen die glänzenden Schuppen einer großen geflügelten Schlange. Sie umkreiste den Turm dreimal und flog dann davon.

Taumelnd verließ Raymond den Raum. Niemand hat ihn jemals wieder ein Wort sprechen hören. Er zog sich zurück und verbrachte den Rest seines Lebens als Einsiedler.

Es heißt, daß Melusine heimlich nach Lusignan zurückkehrte, um sich um ihre beiden jüngsten Söhne zu kümmern, und daß sie dank ihrer Fürsorge überlebten. Ob das der Wahrheit entspricht, ist ungewiß, aber noch Jahrhunderte später, hieß es in Berichten, flog an jedem Freitag, der dem Tod des jeweiligen Herrn von Lusignan voraufging, eine große Schlange wehklagend um die Zinnen des Palastes. So durchlitt Melusine die Strafe, die ihre Mutter ihr auferlegt hatte.

Wieder einmal war die Verbindung zweier Geschöpfe aus verschiedenen Welten an der Unvereinbarkeit ihrer Wesen gescheitert. Wieder einmal endete die Ehe zwischen einer Fee und einem Menschen in einer Tragödie. Und es sollte nicht das letzte Mal sein. Solange Feen in Menschengestalt auftraten, waren sie äußerst begehrt. Denn für die Sterblichen, die an Regeln gebunden und von irdischem Leid umgeben waren, bedeuteten jene Erscheinungen, die vor Schönheit und Liebreiz erstrahlten und in geheimnisvolles Dunkel gehüllt waren, die Hoffnung auf unsterbliches Glück.

Die Entlohnung schien dem Risiko angemessen. Selbst gegen Ende ihrer Zeit, als sich die Feen dem Kontakt mit der menschlichen Gesellschaft mehr und mehr entzogen, konnte ein flüchtiges Zeichen von ihnen die endliche Welt der Sterblichen in Verzauberung versetzen und einen Blick in die himmlische Ewigkeit freigeben.

Auf ewig in eine Schlange verwandelt, entwich die Fee Melusine durch ein Fenster der Burg von Lusignan. Es heißt, daß sie in mondhellen Nächten, wenn alles schlief, zur Burg zurückkam, um ihre Kinder zu säugen.

Harte Prüfung für einen Liebenden

Zu der Zeit, als König Artus in Caerleon residierte, gefiel es seiner unzufriedenen Gattin bisweilen, den jungen Rittern seines Trosses nachzustellen. Doch ein Ritter namens Launfal zeigte sich wenig empfänglich für die Schmeicheleien der schönen Frau, obwohl er wußte, daß er damit sein Leben aufs Spiel setzte. Sein Herz gehörte einer Fee, die er in einer Zeit kennengelernt hatte, als er — seiner Armut wegen — bei Hofe nicht sonderlich gelitten war.

Allein und trübsinnigen Gedanken nachhängend, hatte Launfal damals an einem Mittsommertag einen Ritt tief in den Wald hinein unternommen. Nach einer Weile war er vom Pferd gestiegen, hatte sich ins Gras gelegt und zum Schutz gegen das blendende Sonnenlicht die Augen geschlossen. Nachdem er eine Zeitlang so dagelegen hatte, riß ihn plötzlich der süße Klang murmelnder Stimmen aus seinen Gedanken. Er öffnete die Augen und erblickte zwei Jungfrauen mit goldenem Haar, die ihn zu sich heranwinkten. Er erhob sich und folgte ihnen zwischen den Bäumen hindurch zu einer Lichtung voller blühender wilder Blumen. Darauf stand ein Zelt aus bestickter Seide, das mit

vergoldeten Rosen verziert war und auf dessen Spitze ein goldener Adler glänzte. In dem Zelt saß eine Jungfrau von solch strahlender Schönheit, daß jegliche Erinnerung an sterbliche Schönheit aus Launfals Gedächtnis schwand.

Sie reichte ihm die Hand und hieß ihn herzlich willkommen. Mit der Berührung wurde in ihnen die Liebe erweckt. Launfal bat sie, für immer bei ihm zu bleiben. Dies sei nicht möglich, erwiderte die Jungfrau, denn er sei ein Sterblicher und sie eine Fee. Sie könne jedoch zu ihm kommen, wann immer er es wünsche, wenn er folgende Bedingungen zu erfüllen bereit sei. So dürfe er sie mit keinem Wort erwähnen (kein geringes Opfer in einer Zeit, da ein Ritter jede Tat der Dame seines Herzens widmete), und er solle sie nicht rufen, wenn andere Sterbliche zugegen wären. Ihr Name war bezeichnenderweise Tryamour, was soviel bedeutete wie „Liebesprobe".

Launfal erklärte sich mit den Bedingungen einverstanden. Sie verbrachten den Nachmittag gemeinsam auf der sonnigen Lichtung. Als Launfal nach Caerleon zurückkehrte, schien er nicht mehr derselbe wie zuvor. Er war reich gekleidet, prachtvoll gerüstet und ritt auf einem herrlichen Schlachtroß. Nachts blieb er allein in seinem Gemach, da Tryamour zu ihm kam, am Tag aber strahlte er vor Glück. Der Königin entging dies nicht, und eine Zeitlang beobachtete sie ihn mißtrauisch. Sie sagte nichts, doch nach einer gewissen Zeit rief sie Launfal zu sich.

Die Königin empfing ihn in einem dunklen, von hohen Mauern umgebenen Palastgarten. Sie kam rasch zur Sache: Er war der Mann, den ihr Herz begehrte, und sie wollte ihn zu

ihrem Liebhaber machen. Unbeeindruckt wies Launfal höflich das Angebot zurück. Die Königin war empört: „Ihr seid nicht der Mann, der für die Liebe einer Frau geschaffen ist!"

„Königin", entgegnete Launfal, „ich werde von einer Dame geliebt, deren niedrigste Dienerin Eure Schönheit übertrifft."

Das war natürlich eine Beleidigung, aber es war noch mehr als das. Launfal hatte das Geheimnis um seine Geliebte preisgegeben und somit das Tor zugeworfen, das sich zwischen dem Reich der Sterblichen und dem der Feen geöffnet hatte. Unter zornigen Drohungen schritt Guinevere erhobenen Hauptes aus dem Garten. Launfal schloß sich in sein Gemach ein und gab sich seiner Trauer hin. Er hatte Tryamour verraten. Er rief nach ihr, doch er erhielt keine Antwort.

Bald darauf trommelten Fäuste gegen seine Tür. Launfal wurde gefesselt und dem König vorgeführt. Der Grund für seine Gefangennahme wurde schnell deutlich: Guinevere hatte dem König erzählt, daß der Ritter sich ihr genähert habe, um ihre Liebe zu erzwingen; und als sie sich ihm verweigerte, habe er sie mit der Schönheit seiner Geliebten aufs schmählichste beleidigt.

Solch ein doppelter Verstoß wurde mit der Todesstrafe geahndet. Doch König Artus' Ritter blickten einander skeptisch an, als sie den Bericht der Königin vernahmen, die für ihre Liebestollheit wohlbekannt war. Sie legten Fürsprache ein, und am Ende wurde Launfal einzig dazu aufgefordert, seine Geliebte innerhalb eines Jahres vorzustellen, damit alle ihre Schönheit mit der der Königin vergleichen könnten. Außerstande, dieser Aufforderung nachzukommen, fand Launfal sich ein Jahr

darauf mit gebeugtem Haupt im Palasthof ein, wo der Tod auf dem Scheiterhaufen ihn erwartete.

Doch ehe das Reisig entzündet werden konnte, unterbrach eine kühle, nach wilden Blumen duftende Brise die angespannte Stille. Auf einem weißen Zelter sitzend, ritt Tryamour durch das Tor. Das Haar umkränzte ihr Haupt wie ein Heiligenschein, ihre Wangen schimmerten rosig, und ihr Körper war so geschmeidig und leuchtend wic cin Sonnenstrahl. Sie schenkte Launfal ein Lächeln und wandte sich dann, ohne ein Wort zu sagen, dem König und seinem Gefolge zu. Alles schwieg wie gebannt.

Schließlich ergriff König Artus das Wort: „Wenn Ihr Launfals Geliebte seid, so gibt es niemanden, der behaupten wird, er habe die Unwahrheit gesagt. Er soll frei sein."

Die Ritter nahmen Launfal die Fesseln ab, und ohne sich noch einmal umzusehen, schritt dieser über den Hof zu seiner Geliebten und stieg hinter ihr auf das weiße Pferd. Zusammen ritten Launfal und Tryamour durch das Schloßtor über die dahinter gelegene Wiese dem Horizont entgegen.

Tryamour wurde nicht wieder gesehen. Es hieß, daß sie ihren Geliebten weit über die Meere mit zu der Feeninsel Avalon genommen habe, von der aus sie nicht wieder zurückkehren konnte. Launfal dagegen erschien einmal jährlich an dem Abend jenes Tages, an dem er fortgegangen war, in den Wäldern nahe Caerleon. Als schemenhafte Gestalt im Zwielicht der Abenddämmerung, sah man ihn allein auf einem prächtigen Schlachtroß reiten. Auf seinem Gesicht lag der Anflug einer Sehnsucht nach der Welt der Sterblichen, die er für immer verlassen hatte.

Bibliographie

Andersen, Hans Christian: *Sämtliche Märchen.* 2 Bde. Pachland-Klassiker, Stuttgart o. J.

Anderson, Janice, und Swinglehurst, Edmund: *Scottish Walks and Legends: The Lowlands and East Scotland.* Granada Publishing, London 1982

*Arrowsmith, Nancy, mit Moorse, George: *A Field Guide to the Little People.* Pocket Books, New York 1978

Basile, Giovanni Batiste: *Il Pentamerone.* Übers. von Sir Richard Burton. Boni & Liveright, New York 1927

Benwell, Gwen, und Waugh, Arthur: *Sea Enchantress: The Tale of the Mermaid and Her Kin.* The Citadel Press, New York 1965

Blinoff, Marthe: *Life and Thought in Old Russia.* The Pensylvania State University, 1961

Boucher, Alan (Übers.): *Elves, Trolls and Elemental Beings: Icelandic Folktales.* Bd. 2. Iceland Review, Reykjavik 1977

Briggs, Katharine:
Abbey Lubbers, Banshees & Boggarts: An Illustrated Encyclopedia of Fairies. Pantheon, New York 1979
A Dictionary of British Folk-Tales in the English Language. Routledge & Kegan Paul, London 1970
**An Encyclopedia of Fairies: Hobgoblins, Brownies, Bogies, and Other Supernatural Creatures.* Pantheon, New York 1976
**The Fairies in English Tradition and Literature.* The University of Chicago Press, Chicago 1967
**The Personnel of Fairyland.* Singing Tree Press, Detroit 1971 (Neuauflage der Ausgabe von 1953)
**The Vanishing People: Fairy Lore and Legends.* Pantheon, New York 1978

Bringsværd, Tor Age: *Phantoms and Fairies from Norwegian Folklore.* Übers. von Pat Shaw Iversen. Johan Grundt Tanum Forlag, Oslo o. J.

*Cavendish, Richard (Hrsg.): *Man, Myth & Magic.* 11 Bde. Marshall Cavendish, New York 1983

*Child, Francis James (Hrsg.): *The English and Scottish Popular Ballads.* Bd. 1. Pageant, New York 1956

Craigie, William A. (Hrsg. und Übers.): *Scandinavian Folk-Lore.* Singing Tree Press, Detroit 1970

Croker, Thomas Crofton: *Fairy Legends and Traditions of the South of Ireland.* John Murray, London 1825

Curtin, Jeremiah: *Tales of the Fairies and the Ghost World.* Benjamin Blom, New York 1971 (Neuauflage der Ausgabe von 1895)

D'Arbois de Jubainville, H.: *The Irish Mythological Cycle and Celtic Mythology.* Übers. von Richard Irvine Best. Hodges, Figgis & Co., Dublin 1903

*Edwards, Gillian: *Hobgoblin and Sweet Puck: Fairy Names and Natures.* Geoffrey Bles, London 1974

*Evans-Wentz, W. Y.: *The Fairy-Faith in Celtic Countries.* University Books, Secaucus, New Jersey, 1966

Folkard, Richard jr.: *Plant-Lore, Legends and Lyrics.* Sampson Low, Marston, Searle, and Rivington, London 1884

Folklore, Myths and Legends of Britain. The Reader's Digest Association, London 1973

Ford, Patrick K. (Übers.): *The Mabinogi and Other Medieval Welsh Tales.* University of California Press, Berkeley 1977

Gantz, Jeffrey (Übers.): *Early Irish Myths and Sagas.* Penguin, Harmondsworth, Middlesex 1982

Gill, W. Walter: *A Second Manx Scrapbook.* Arrowsmith, London 1932

Graves, Robert (Hrsg.): *English and Scottish Ballads.* Heinemann, London 1957

*Gregory, Lady (Übers.): *Gods and Fighting Men.* 2. Aufl. Oxford University Press, New York 1970

Grimm, Jacob: Deutsche Mythologie, Bd. 1. Photomechanischer Nachdruck. Basel 1953

Haining, Peter: *The Leprechaun's Kingdom.* Harmony Books, New York 1980

*Hanning, Robert, und Ferrante, Joan (Übers.): *The Lais of Marie de France.* E.P.Dutton, New York 1978

*Hartland, Edwin Sidney: *The Science of Fairy Tales: An Inquiry into Fairy Mythology.* Scribner & Welford, New York 1891

*Hastings, James (Hrsg.): *Encyclopaedia of Religion and Ethics.* Bd. 5. T. & T. Clark, Edinburgh 1912

Henderson, William: *Notes on the Folk-Lore of the Northern Counties of England and the Borders.* W. Satchell, Peyton, London 1879

Hunt, Robert (Hrsg.): *Popular Romances of the West of England: or Drolls, Traditions, and Superstitions of Old Cornwall.* 3. Aufl. Chatto and Windus, London 1881

*Keightley, Thomas: *The Fairy Mythology.* Wildwood House, London 1981 (Neuauflage der Ausgabe von 1892)

Kirk, Robert: *The Secret Commonwealth of Elves, Fauns and Fairies.* 3. Aufl. Eneas Mackay, Stirling, Schottland, 1933

*Leach, Maria (Hrsg.): *Funk & Wagnalls Standard Dictionary of Folklore, Mythology and Legend.* Funk & Wagnalls, New York 1949

MacCulloch, und Arnott, John: *The Mythology of All Races,* Bd. 2, *Eddic.* Cooper Square Publishers, New York 1964

*MacCulloch, Arnott, John, und Machal, Jan: *The Mythology of All Races,* Bd. 3, *Celtic, Slavic.* Cooper Square Publishers, New York 1964

Mackenzie, Donald A.: *Scottish Folk-Lore and Folk Life: Studies in Race, Culture and Tradition.* Blackie & Son, London 1935

Mason, Eugene (Übers.): *French Mediaeval Romances from the Lays of Marie de France.* J. M. Dent & Sons, London 1976 (Neuauflage der Ausgabe von 1924)

Maxym, Lucy: *Russian Lacquer, Legends and Fairy Tales.* Siamese Imports, Manhasset, New York, 1981

O'Grady, Standish H. (Hrsg. und Übers.): *Silva Gadelica: A Collection of Tales in Irish.* William and Norgate, London 1892

Paton, Lucy Allen: *Studies in the Fairy Mythology of Arthurian Romance.* 2. Aufl. Burt Franklin, New York 1960

Phillpotts, Beatrice: *The Book of Fairies.* Ballantine Books, New York 1979

Porteous, Alexander: [illegible]t *Folklore; Mythology, and Ro*[illegible] Singing Tree Press, Detroit [illegible] (Neuauflage der Ausgabe [illegible] 1928)

Ralston, W. R. S.: [illegible]*an Folk-Tales.* Smith, Elder, L[illegible]n 1873

*Rees, Alwyn [illegible]ley: *Celtic Heritage: Anc*[illegible]*n in Ireland and Wales.* [illegible] Hudson, New York [illegible]

Ricke[illegible]bers.): *Early English Ro*[illegible]*erse.* Cooper Square P[illegible], New York 1966

Ro[illegible], Herbert Spencer, und [illegible]on, Knox: *Myths and Legends of* [illegible] *Nations.* Garden City Publish[illegible]g, New York 1950

R[illegible]leston, T.W.: *Myths & Legends of the Celtic Race.* Lemma Publishing, New York 1974 (Neuauflage der Ausgabe von 1934)

Rossetti, Christina: *Goblin Market.* Franklin Watts, New York 1969

Shakespeare, William: *Shakespeare, Complete Works.* Hrsg. von W. J. Craig. Oxford University Press, 1980

Sikes, Wirt: *British Goblins: Welsh Folk-Lore, Fairy Mythology, Legends and Traditions.* EP Publishing, Wakefield, Yorkshire, 1973 (Neuauflage der Ausgabe von 1880)

Sjoestedt, Marie-Louise: *Gods and Heroes of the Celts.* Übers. von Myles Dillon. Methuen, London 1949

Spence, Lewis:

**British Fairy Origins.* The Aquarian Press, Wellingborough, Northamptonshire 1981

The Fairy Tradition in Britain. Rider, London 1948

Stephens, James: *Irish Fairy Tales.* Abaris Books, New York 1978

Tongue, Ruth L. (Hrsg.): *Forgotten Folk-Tales of the English Counties.* Routledge & Kegan Paul, London 1970

Tudor-Craig, Sir Algernon Tudor (Hrsg.): *The Romance of Melusine and deLusignan.* The Century Housc, London 1932

Ward, Donald (Hrsg. und Übers.): *The German Legends of the Brothers Grimm,* Bd. 2. Institute for the Study of Human Issues, Philadelphia 1981

*Wilde, Lady Francesca: *Ancient Legends, Mystic Charms & Superstitions of Ireland.* Chatto & Windus, London 1925

Wilson, Barbara Ker (Hrsg.): *Scottish Folk-Tales and Legends.* Oxford University Press, London 1954

Yeats, W. B. (Hrsg.): *Fairy and Folk Tales of Ireland.* Pan Books, London 1979

** Mit einem Stern gekennzeichnete Titel waren bei der Vorbereitung dieses Bandes besonders nützlich*

Quellennachweis der Abbildungen

Die Nachweise sind bei Abbildungen von links nach rechts durch Semikolons, von oben nach unten durch Gedankenstriche getrennt. Soweit bekannt, ist der Name des Künstlers dem Nachweis vorangestellt.

Einband: Ausschnitt aus einem Gemälde von John Atkinson Grimshaw, mit frdl. Genehmigung der Leeds Art Galleries, Leeds. 1—5: Illustrationen von Józef Sumichrast. 6—9: Illustrationen von Kinuko Y. Craft. 13: Illustration von Rallé. 14, 15: Illustration von Mark Hess. 17: Stephen Reid, aus *High Deeds of Finn* von T.W. Rolleston, George G. Harrap & Co. Ltd., 1910, mit Genehmigung der Harrap Ltd., London. 18, 19: Illustration von Alicia Austin. 21—23: Illustrationen von Winslow Pinney Pels. 25—30: Illustrationen von James C. Christensen. 32, 33: Edmund Dulac, Copyright Geraldine M. Anderson, aus *The Bells and Other Poems* von Edgar Allan Poe, Hodder and Stoughton, 1912, mit frdl. Genehmigung des Victoria and Albert Museum, London. 35: Illustration von Yvonne Gilbert. 36, 37: John Anster Fitzgerald, Privatsammlung, mit frdl. Genehmigung The Bridgeman Art Library, London; Vignette von Judy King-Rieniets. 38, 39: John G. Naish, Edmund J. und Suzanne McCormick Collection, mit frdl. Genehmigung des Yale Center for British Art; Vignette von Judy King-Rieniets. 40, 41: John Anster Fitzgerald, Privatsammlung, mit frdl. Genehmigung The Bridgeman Art Library, London; Vignette von Judy King-Rieniets. 42, 43: John Anster Fitzgerald, mit frdl. Genehmigung von Nicolette Wernick, photographiert von Mark Sexton; Vignette von Judy King-Rieniets. 44, 45: John Anster Fitzgerald, Privatsammlung, mit frdl. Genehmigung Maas Gallery, London; Vignette Judy King-Rieniets. 46, 47: Illustration von Wayne Anderson. 49: Paul Woodroffe, aus *The Tempest* von William Shakespeare, Chapman and Hall Ltd., 1908, mit frdl. Genehmigung von Lesley Coleman, London. 51: Daniel Maclise, Privatsammlung, mit frdl. Genehmigung The Bridgeman Art Library, London. 52—57: Illustrationen von Wayne Anderson. 57: Moritz von Schwind, mit frdl. Genehmigung der Schack Gallerie, Photo von Blauel/Artothek, München. 58: Illustration von Wayne Anderson. 60, 61: J. W. Waterhouse, City of Manchester Art Gallery, mit frdl. Genehmigung The Bridgeman Art Library, London. 63: Nachdruck aus *Russian Lacquer, Legends and Fairy Tales* von Lucy Maxym, © Siamese Imports Co., Inc. 64: Edmund Dulac, Copyright Geraldine M. Anderson, aus *Stories from Hans Andersen,* Hodder and Stoughton, 1911, mit frdl. Genehmigung der Mary Evans Picture Library, London. 65, 66: Illustrationen von Wayne Anderson. 68—75: Illustrationen von Kinuko Y. Craft. 76, 77: Illustration von Thomas Woodruff. 79: Sir Edward Burne-Jones, mit frdl. Genehmigung Hammersmith & Fulham Public Libraries, photographiert von Derek Bayes, London. 80—84: Illustration von Winslow Pinney Pels. 85: E. R. Hughes, mit frdl. Genehmigung von Sotheby Parke Bernet & Co., London. 87: Illustration von Wayne Anderson. 88, 89: Sir Joseph Noel Paton, mit frdl. Genehmigung des Glasgow Museums and Art Galleries, Glasgow. 90, 91: Illustration von Winslow Pinney Pels. 92, 93: Illustration von Rallé. 94, 95: Illustration von Winslow Pinney Pels. 96, 97: Sir Joseph Noel Paton, Roy Miles Fine Paintings, mit frdl. Genehmigung The Bridgeman Art Library, London. 98: Illustration von Winslow Pinney Pels. 99: Arthur Rackham, aus *Goblin Market* von C. G. Rossetti, George G. Harrap & Co. Ltd., London, 1933, mit frdl. Genehmigung von Barbara Edwards. 100—107: Illustrationen von Jill Karla Schwarz. 108, 109: Sir Frank Dicksee, City of Bristol Museum and Art Gallery, mit frdl. Genehmigung The Bridgeman Art Library, London. 113: Nachdruck aus *Russian Lacquer, Legends and Fairy Tales* von Lucy Maxym, © Siamese Imports Co., Inc. 114, 115: Illustration von Denis Luzak. 117: J. W. Waterhouse, Privatsammlung, photographiert von Derek Bayes, London. 120, 121: Illustration von James C. Christensen. 123—126: Illustrationen von Alicia Austin. 128—131: Photo Bibliothèque Nationale, Paris. 132—139: Illustrationen von Kinuko Y. Craft. 144: Illustration von Józef Sumichrast.

Danksagungen

Für die Unterstützung bei der Vorbereitung dieses Bandes danken die Herausgeber besonders dem Berater John Dorst. Außerdem danken sie folgenden Personen und Institutionen: François Avril, Leitender Direktor, Bibliothèque Nationale, Paris; Stella Beddoe, Art Gallery and Museum, Brighton, England; M. Begg, National Library of Scotland, Edinburgh; Mary Bennett, of British Art, Walker Art Gallery, Liverpool; Barbara Blank, New York City; Jean-Loup Charmet, Paris; Christopher Wood Gallery, London; Ann Cruikshank, Professor of Fine Art, Trinity College, Dublin; Anne Donald, Keeper of Fine Art, Glasgow; Dr. Michael Droller, Baltimore; Frances Dunkels, Department of Prints and Drawings, British Museum, London; Clark Evans, Rare Book and Special Collections Division, Library of Congress, Washington D.C.; Hillary Evans, London; Mary Evans, London; Antonio Faeti, Bologna, Italien; Folk-Lore Society, London; Henry Ford, Maas Gallery, London; Martin Forrest, Bourne Fine Art, Edinburgh; Jacqueline Fowler, Stamford, Connecticut; Marielise Göpel, Archiv für Kunst und Geschichte, West-Berlin; Francis Greenacre, Curator of Fine Art, City of Bristol Museum and Art Gallery, England; Jocelyn Grigg, Curator, Macintosh Collection, Glasgow School of Art, Schottland; Robin Gwyndaf, Welsh Folk Museum, Cardiff; Michael Heseltine, Sotheby Parke Bernet and Co., London; Anthony Hobson, Moreton Morrell, England; Christine Hoffmann, Bayerische Staatsgemäldesammlungen, München; Brian Kennedy, Ulster Museum, Belfast; Heidi Klein, Bildarchiv Preußischer Kulturbesitz, West-Berlin; Lionel Lambourne, Victoria and Albert Museum, London; Françoise Lemmonier, Bibliothèque Nationale, Paris; Sheila MacGregor, Keeper of Fine Art, Atkinson Art Gallery, Southport, England; Alister Matthews, Bournemouth, England; C. Lloyd Morgan, National Library of Wales, Cardiff; Alice Munro-Faure, Sotheby Parke Bernet and Co., London; Maureen Park, Glasgow Art Gallery and Museum, Schottland; Peyton Skipwith Fine Art Society, London; Beatrice Phillpotts, London; Christine Poulson, London; Walt Reed, Illustration House, South Norwalk, Connecticut; Jo Ann Reisler, Vienna, Virginia; Michel Rival, Bibliothèque Nationale, Paris; R. A. Saunders, Keeper of Art, Paisley Art Gallery, Schottland; Justin Schiller, New York City; Lawrence Seeborg, Greenbelt, Maryland; Robert Shields, Rare Book and Special Collections Division, Library of Congress, Washington, D.C.; Tessa Sidey, Birmingham Museum and Art Gallery, England; South Africa National Gallery, Kapstadt; Sowjetische Copyright-Agentur, Moskau; Hugh Stevenson, Glasgow Art Gallery and Museum, Schottland; Wiebke Tomaschek, Staatliche Graphische Sammlung, München; Leonie von Wilkins, Germanisches Nationalmuseum, Nürnberg; Stephen Wildman, Birmingham Museum and Art Gallery, England; R. Williams, Department of Prints and Drawings, British Museum, London; Michael Wynne, Keeper, National Gallery of Ireland, Dublin.

TIME-LIFE BÜCHER

Leitung der europäischen Redaktion:
Kit van Tulleken
Direktor des Designs: Ed Skyner
Direktorin der Photographie: Pamela Marke
Leitung der Dokumentation: Vanessa Kramer
Chefassistentin: Ilse Gray

VERZAUBERTE WELTEN

Chefredakteurin: Ellen Phillips
Stellvertretender Chefredakteur: Robin Richman
Designer: Dale Pollekoff
Leiterin der Dokumentation: Jane Edwin

Redaktionsstab des Bandes
Feen und Elfen:
Textredakteure: Tim Appenzeller, Richard Murphy
Dokumentation: Charlotte Marine Fullerton (verantwortlich), Patricia N. McKinney
Assistentin des Designers: Lorraine D. Rivard
Textkoordination: Anthony K. Pordes, Barbara Fairchild Quarmby
Bildkoordination: Nancy C. Scott
Redaktionsassistentin: Constance B. Strawbridge

Freie Mitarbeiterin: Martha Reichard George

Leitung der deutschen Redaktion:
Hans-Heinrich Wellmann
Textredaktion: Marianne Tölle

Aus dem Englischen übertragen von Andrea Hamann und Katharina Jens

Korrespondenten: Elisabeth Kraemer (Bonn); Margot Hapgood, Dorothy Bacon (London); Miriam Hsia, Lucy T. Voulgaris (New York); Maria Vincenza Aloisi, Josephine du Brusle (Paris); Ann Natanson (Rom).
Wertvolle Hilfe leisteten außerdem: Angelika Lemmer (Bonn); Peter Hawthorne (Johannisburg); Loris Lorimer (Kopenhagen); Lesley Coleman (London); Felix Rosenthal (Moskau); Carolyn T. Chubet (New York); Bent Onsager (Oslo); Eva Stichova (Prag); Phoebe Natanson, Ann Wise (Rom); Mary Johnson (Stockholm).

Produktionsstab:
Leitung: Ellen Brush
Art Department: Deborah Martindale
Produktionsassistentinnen: Stephanie Lee, Jane Lillicrap
Editorial Department: Theresa John, Debra Lelliott

Der Berater

Tristram Potter Coffin, Professor für englische Sprache und Literatur an der University of Pennsylvania, ist eine führende Kapazität auf dem Gebiet der Volkssagen und Volkskunde. Er hat zahlreiche Bücher und mehr als 100 Artikel verfaßt. Seine bekanntesten Werke sind *The British Traditional Ballad in North America, The Old Ball Game, The Book of Christmas Folklore* und *The Female Hero.*

Dieser Band gehört zu einer Reihe, die sich mit Mythen, Sagen und Märchen befaßt.

ISBN 9-06-182-853-8

TIME LIFE BÜCHER

VERZAUBERTE WELTEN
LÄNDER DER ERDE
HANDBUCH DES HEIMWERKERS
KLASSISCHE REISEBERICHTE
DER PLANET ERDE
VÖLKER DER WILDNIS
DIE GESCHICHTE DER LUFTFAHRT
DIE SEEFAHRER
DER ZWEITE WELTKRIEG
DIE KUNST DES KOCHENS
DER WILDE WESTEN
HANDBUCH DER GARTENKUNDE
DIE GROSSEN STÄDTE
DIE WILDNISSE DER WELT
DIE FRÜHZEIT DES MENSCHEN
DIE PHOTOGRAPHIE
DIE WELT DER KUNST
ZEITALTER DER MENSCHHEIT
WUNDER DER WISSENSCHAFT
WUNDER DER NATUR
DAS GROSSE BUCH DES YACHTSPORTS
DAS GROSSE BUCH
DER PHOTOGRAPHIE
LIFE IM KRIEG
LIFE IM KINO
DIE BESTEN PHOTOS AUS LIFE
LIFE IM WELTRAUM

REPROSATZ: UTESCH SATZTECHNIK GMBH, HAMBURG
DRUCK UND EINBAND: BREPOLS S.A., TURNHOUT, BELGIEN